TRABALHANDO COM RECREAÇÃO

Dados Internacionais de Catalogação na Publicação (CIP)
(Câmara Brasileira do Livro, SP, Brasil)

Cavallari, Vinícius Ricardo

   Trabalhando com recreação / Vinícius Ricardo Cavallari, Vany Zacharias. — 14. ed. — São Paulo : Ícone, 2018.

   ISBN 978-85-274-1048-9

   1. Jogos em grupo 2. Lazer 3. Recreação I. Zacharias, Vany. II. Título.

00-1116   CDD-790

Índice para catálogo sistemático:

   1. Recreação   790

Vinícius Ricardo Cavallari
Vany Zacharias

TRABALHANDO COM RECREAÇÃO

14ª edição

© Copyright 2018
Ícone Editora Ltda.

Capa
Juliano R. Fanelli

Diagramação
Regina Paula Tiezzi

Revisão
Antônio Carlos Tosta
Rosa Maria Cury Cardoso

Proibida a reprodução total ou parcial desta obra, de qualquer forma ou meio eletrônico, mecânico, inclusive por meio de processos xerográficos, sem permissão do editor (Lei nº 9.610/98).

Todos os direitos reservados pela
ÍCONE EDITORA LTDA.
Rua Javaés, 589 – Bom Retiro
CEP: 01130-010 – São Paulo/SP
Fone/Fax: (11) 3392-7771
www.iconeeditora.com.br
iconevendas@iconeeditora.com.br

Agradecemos à professora Vania Maria Cavallari pela revisão geral deste trabalho.

Sumário

Introdução 9

PARTE I — FUNDAMENTAÇÃO TEÓRICA

Capítulo 1 — Conceitos Fundamentais 13
Capítulo 2 — Características Básicas da Recreação 17
Capítulo 3 — Perfil dos Profissionais de Recreação..........19
Capítulo 4 — Organização de um Programa Recreativo....23
Capítulo 5 — Lazer e Qualidade de Vida........................31

PARTE II — ÁREAS ESPECÍFICAS DE ATUAÇÃO

Capítulo 1 — A Recreação em Escolas...........................35
Capítulo 2 — A Recreação em Hotéis............................37
Capítulo 3 — A Recreação em Acampamentos e Acantonamentos 43
Capítulo 4 — A Recreação em Festas............................47
Capítulo 5 — A Recreação em Clubes...........................51
Capítulo 6 — A Recreação em Empresas.......................53
Capítulo 7 — A Recreação em Academias Desportivas..55
Capítulo 8 — A Recreação em Condomínios..................57
Capítulo 9 — A Recreação em Navios...........................59

Capítulo 10 — A Recreação em Ônibus de Turismo 60
Capítulo 11 — A Recreação na Natureza 61

PARTE III — ESTRUTURA E ELABORAÇÃO DE ATIVIDADES PRÁTICAS

Capítulo 1 — Diferenças entre Brincadeiras e Jogos 71
Capítulo 2 — Adequação das Atividades Lúdicas às Diversas Faixas Etárias 75
Capítulo 3 — Atividades Lúdicas de Sociabilização 83
Capítulo 4 — As Gincanas 85
Capítulo 5 — Matroginástica 89
Capítulo 6 — Atividades Lúdicas para Dias de Chuva 91
Capítulo 7 — Rodas e Brincadeiras Cantadas 93

PARTE IV — ATIVIDADES PRÁTICAS

Capítulo 1 — Atividades para Grandes Espaços Livres.. 99
Capítulo 2 — Atividades para Quadras, Salões e Espaços de Médio Porte 115
Capítulo 3 — Atividades para Salas, Ônibus e Espaços Restritos 143
Capítulo 4 — Atividades para Piscinas e Espaços Aquáticos 161

Introdução

Este trabalho nasce da ideia de se viabilizar o acesso à informação para todas as pessoas que já desenvolvem algum trabalho na área de recreação e lazer.

Com certeza, não pretendemos apresentar um estudo detalhado da sociologia do lazer, nem tampouco um contato inicial com a recreação e lazer. Pretendemos, sim, auxiliar os profissionais que têm incertezas quanto à sua atuação em detalhes específicos da rotina de um recreacionista.

Outra motivação para a elaboração deste trabalho foi também o fato de notarmos que existe hoje uma dificuldade bem grande de se definir uma terminologia específica desta área.

Os estudos mostram terminologias diversas. Não acreditamos em verdades absolutas, mas resolvemos padronizar uma nomenclatura para melhor compreensão dos nossos leitores.

Dividimos o trabalho em quatro partes, subdivididas em capítulos. A primeira parte, que aborda os conceitos fundamentais, pretende embasar o trabalho prático que segue. A segunda parte trata das áreas específicas de atuação, pretendendo mostrar a amplitude do campo de trabalho e a melhor forma de nele atuar. Na terceira parte, temos a estrutura e elaboração de atividades práticas, onde mostramos como montar um bom programa de atividades recreativas com preocupação especial com a organização. Na quarta parte, descrevemos algumas atividades práticas para melhor ilustrar e contribuir com o acervo do leitor. A melhor divisão que concebemos para esta quarta parte foi baseada no espaço disponível para execução da atividade, pois sabemos que material, faixa etária e outros detalhes, com criatividade, podem ser muito bem adaptados.

Desta forma gostaríamos de poder oferecer aos nossos alunos, e a todos os profissionais ligados à recreação, subsídios para o desenvolvimento de um bom trabalho, engrandecendo assim nossa classe profissional e fazendo com que o recreacionista ocupe o espaço que lhe cabe no mercado de trabalho.

Parte I

Fundamentação Teórica

CAPÍTULO 1

CONCEITOS FUNDAMENTAIS

Pretendemos neste capítulo deixar claras e diferenciadas as ideias de Lazer e Recreação. Para isso, precisamos anteceder e partir de algumas outras ideias, que veremos a seguir.

Chamaremos de TEMPO TOTAL todo o tempo da vida de uma pessoa, ou seja, todas as horas do dia, todos os dias do ano e assim por diante. Esse tempo total subdivide-se em três partes, as quais não têm obrigatoriamente a mesma duração, a qual varia de pessoa para pessoa. Cada indivíduo tem sua própria maneira de subdividir seu tempo total. Podemos ainda dizer, num estudo mais aprofundado, que cada uma dessas partes aumenta em função da diminuição de alguma das outras duas. Vamos analisá-las independentemente.

A primeira delas chamaremos de TEMPO DE TRABALHO. É esse o tempo que uma pessoa utiliza direta ou indiretamente em função de sua produção. Isso implica em compromisso, responsabilidade, obrigação e até mesmo retorno financeiro. Consideraremos como tempo de trabalho também o tempo que as pessoas utilizam indiretamente para que sua produção ocorra, como, por exemplo, o tempo gasto para chegar-se ao local de trabalho, ou mesmo, o tempo que um professor gasta para elaborar uma aula ou corrigir provas, mesmo que isso aconteça fora de seu ambiente e fora de seu horário específico de trabalho.

Isto posto, é necessário frisar que TEMPO de trabalho e HORÁRIO de trabalho são coisas diferentes, ou seja, nem tudo o que a pessoa faz em função de sua produção é feito em seu HORÁRIO de trabalho, mas sempre será TEMPO de trabalho. O tempo de estudo, dentro e fora da escola, também será considerado como tempo de trabalho.

A segunda parte da divisão chamaremos de TEMPO DE NECESSIDADES BÁSICAS VITAIS. Esse é todo o tempo utilizado para realização de necessidades sem as quais um ser humano não vive, ou não tem boas condições de sobrevivência. Podemos dividi-las em quatro grandes grupos: sono, alimentação, necessidades fisiológicas e higiene.

A terceira parte, a mais importante em nosso estudo chamaremos de TEMPO LIVRE. Se as outras duas partes do tempo total estão ocupadas, o que sobra é tempo livre. Podemos ainda conceituar o tempo livre da seguinte maneira: tomando-se o tempo total de uma pessoa, extraindo-se o tempo de trabalho e o tempo de necessidades básicas vitais, o que resta é tempo livre.

É dentro de seu tempo livre que as pessoas têm seu tempo de lazer. Ao surgir em uma pessoa uma predisposição, um estado de espírito favorável, uma vontade de se dedicar a alguma atitude voltada para o lúdico, essa pessoa se encontra numa situação de lazer. Lúdico é tudo aquilo que leva uma pessoa somente a se divertir, se entreter, se alegrar, passar o tempo. É importante observarmos que esse estado de espírito acontece espontaneamente e não pode ser provocado, talvez, apenas estimulado.

A partir do momento que uma pessoa passa a concretizar essa vontade chamada lazer, ela está tendo sua recreação. Devemos observar que a recreação não é a atividade, mas sim o fato de estar-se concretizando esse anseio. Recreação é uma circunstância, uma atitude.

A atividade que a pessoa pratica e através da qual ela consegue atingir sua recreação chamamos de ATIVIDADE LÚDICA ou ATIVIDADE RECREATIVA. Devemos estar atentos para não confundirmos a recreação com a atividade recreativa.

Devemos ainda considerar que existem determinadas atitudes que uma pessoa pratica dentro de seu tempo livre, mas não são lazer, pois não apresentam o componente lúdico. Temos, como exemplo, uma festa à qual não queremos comparecer, porém vamos por obrigação, ou ainda um velório, ou mesmo fazer as compras do dia a dia. São estas as chamadas OBRIGAÇÕES SOCIAIS.

Repensando os estudos feitos até este ponto, conceituaremos lazer e recreação da seguinte maneira:

O LAZER é o estado de espírito em que o ser humano se coloca, instintivamente (não deliberadamente), dentro do seu tempo livre, em busca do lúdico (diversão, alegria, entretenimento).

A RECREAÇÃO é o fato, ou o momento, ou a circunstância que o indivíduo escolhe espontânea e deliberadamente, através do qual ele satisfaz (sacia) seus anseios voltados ao seu lazer.

Não podemos deixar de citar dois outros conceitos também importantes:

ÓCIO é "nada fazer" de forma lúdica, positiva e opcional. Pode até ser uma opção de lazer.

OCIOSIDADE é "nada fazer" de forma negativa, compulsória. O indivíduo preferiria estar fazendo algo, mas é impedido, não tem opção.

CAPÍTULO 2

CARACTERÍSTICAS BÁSICAS DA RECREAÇÃO

A recreação apresenta cinco características básicas, as quais deverão ser sempre observadas, pois uma vez quebradas fazem com que o praticante não desenvolva sua recreação na forma mais ampla. São elas:

1 — A recreação deve ser encarada pelo praticante como um fim em si mesma, sem que se espere benefícios ou resultados específicos.

A pessoa que busca sua recreação nunca terá outro objetivo com sua prática que não apenas o fato de se recrear. Há um total descompromisso e uma total gratuidade. Não busca qualquer tipo de retorno.

2 — A recreação deve ser escolhida livremente e praticada espontaneamente, segundo os interesses de cada um.

Cada pessoa terá oportunidade de opção quanto àquilo que pretenda fazer em função de sua recreação e, se preferir, ainda optar por não tê-la naquele ou em qualquer outro momento. Uma pessoa não pode forçar outra à prática da recreação; pode apenas sugerir ou motivar. Ninguém recreia ninguém. Os profissionais de recreação apenas criam circunstâncias propícias para que cada pessoa SE recreie.

3 — A prática da recreação busca levar o praticante a estados psicológicos positivos.

A recreação tem caráter hedonístico; está sempre ligada ao prazer; recreação busca prazer. É necessário tomar-se cuidado com a prática de determinadas atividades lúdicas que durante seu desenrolar poderão desviar-se e acarretar no praticante sensações indesejadas e negativas.

4 — A recreação deve ser de natureza a propiciar à pessoa o exercício da criatividade. Na medida em que se ofereça estimulação, essa criatividade deve ser plenamente desenvolvida.

O momento da prática da recreação é propício ao desenvolvimento da criatividade, pois de acordo com as características anteriores, notamos que não existe cobrança. É o momento de se ser criativo, pois não há nada a perder, nem mesmo tempo, porque é lúdico passar-se o tempo, não importando como. A importância da criatividade para a pessoa é enorme, pois engrandece a personalidade e prepara para uma condição melhor de vida. O trabalho será muito melhor e apresentará resultados muito mais satisfatórios se desenvolvido desde a infância.

5 — Nas características de organização da sociedade nos níveis econômicos, sociais, políticos e culturais em geral, a recreação de cada grupo é escolhida de acordo com os interesses comuns dos participantes.

Pessoas com as mesmas características têm uma tendência natural de se procurarem e se agruparem. Seu comportamento é semelhante. Essas pessoas formam os chamados grupos de iguais. Cada grupo de iguais, de acordo com suas características, busca um determinado tipo de recreação.

Pessoas semelhantes buscam situações semelhantes de recreação. Pessoas diferentes buscam recreação diferente. É a isso que se deve a dificuldade de se atrair um grupo muito heterogêneo na sua totalidade para uma mesma atividade lúdica.

CAPÍTULO 3

PERFIL DOS PROFISSIONAIS DE RECREAÇÃO

Todo profissional envolvido com recreação é chamado de recreacionista. Porém, em situações diferentes, os recreacionistas assumem papéis diferentes, de acordo com as necessidades do momento: Animadores, Supervisores ou Técnicos em Recreação. Uma mesma pessoa pode ocupar cargos diferentes em momentos diversos, ou mesmo acumular funções concomitantemente.

O ANIMADOR é aquele que tem contato direto e estrito com o público participante e com as atividade lúdicas desenvolvidas. São características importantes para o bom desenvolvimento do trabalho do animador: ser comunicativo, simpático, alegre, maleável, perspicaz, divertido e brincalhão, sabendo estabelecer e respeitar limites.

São suas principais funções: auxiliar o planejamento das atividades lúdicas; operacionalizar as atividades lúdicas; liderar para que todos participem das atividades lúdicas; explicar o funcionamento das atividades lúdicas; coordenar as atividades lúdicas; propiciar a integração dos grupos; criar situações de estados psicológicos positivos; arbitrar quando se fizer necessário; zelar pelo material antes, durante e depois da atividade; responsabilizar-se pela integridade física do grupo quanto a primeiros socorros; responsabilizar-se por todos os participantes desde o início até o término da atividade lúdica.

O SUPERVISOR é aquele que tem uma equipe de animadores sob seu controle e se torna o elo de ligação entre os componentes da equipe e desta com o empreendedor. São características importantes para o bom desenvolvimento do trabalho do supervisor: ser alegre, simpático, acessível e adequadamente comunicativo, com habilidade para mediar questões; deve ter espírito de liderança; ter a capacidade de avaliar a equipe, o desempenho dessa equipe e as atividades desenvolvidas. São suas principais funções: orientar e supervisionar a equipe de animadores; mediar questões entre os diversos grupos; substituir qualquer um dos animadores na sua ausência; adquirir, reparar e substituir materiais e equipamentos recreativos; orientar a programação e o desenvolvimento das atividades de acordo com a expectativa da clientela.

O TÉCNICO EM RECREAÇÃO deve entender um pouco sobre o comportamento humano, saber o que as pessoas esperam para sua recreação, tendo visão organizacional e de planejamento e projetos, na intenção de ter uma visão de futuro a médio e longo prazo. São características importantes para o bom desenvolvimento do trabalho do técnico em recreação: ter a capacidade de analisar a sociedade criticamente com relação às necessidades de lazer e recreação do ser humano; deve possuir pensamento científico quanto aos aspectos filosóficos, sociológicos, antropológicos e psicológicos dos pequenos e grandes grupos humanos; deve ter a capacidade de idealizar, elaborar, preparar, organizar, divulgar, promover, viabilizar, desenvolver, observar criticamente e avaliar projetos na área do lazer; deve conhecer e saber explorar os diversos campos existentes e disponíveis ao técnico em recreação. São suas principais funções: idealizar, elaborar, preparar, organizar, divulgar, promover, viabilizar, desenvolver, observar criticamente e avaliar projetos na área do lazer; administrar burocrática e financeiramente esses projetos; contato, seleção contratação e treinamento de pessoal; supervisionar todos os recursos materiais e os equipamentos a serem utilizados.

O perfeito funcionamento de qualquer setor relacionado com lazer e recreação depende efetivamente da melhor harmonia de conjunto do trabalho desses três profissionais, bem como da assessoria de outros profissionais relacionados com a área, isto é, arte-educadores, médicos, nutricionistas, psicólogos entre outros.

É imprescindível para os profissionais da área lutar pela valorização da mão de obra especializada no domínio do mercado de trabalho.

CAPÍTULO 4

ORGANIZAÇÃO DE UM PROGRAMA RECREATIVO

4.1. Processo de planejamento

Para qualquer área de estudo ou de atuação onde se faça necessário um processo de planejamento, ele se subdivide em três etapas:

DIAGNÓSTICO: É o levantamento da situação atual/real; como tudo se encontra no momento.

PROGNÓSTICO: É estabelecer critérios para se atingir a situação ideal; como tudo deverá ficar.

EXECUÇÃO: É o desenvolvimento efetivo do que foi estabelecido no prognóstico; fazer acontecer e consequentemente avaliar.

Para o melhor resultado da execução, é necessário que se faça um bom prognóstico; por sua vez, um bom prognóstico depende de um bom diagnóstico. Assim, devemos ser cuidadosos com todas as etapas.

4.2. Etapas de elaboração e execução de um programa recreativo

Para a melhor organização de um programa recreativo, desenvolvemos um processo específico para essa área. A divisão foi feita em etapas, baseadas nos itens anteriores, com algumas adaptações:

4.2.1. Preparação

— Objetivos/Filosofia: Os objetivos do organizador devem estar muito bem definidos, determinando assim a filosofia do evento.

— Público-alvo: Traçar o perfil da demanda, detectando características individuais e do grupo, fazendo também um levantamento dos interesses e da expectativa dos envolvidos.

— Estrutura: Análise do ambiente técnico ou natural (bosques, lagos, parques, galpões, ruas etc.), espaços disponíveis (os que poderão ser utilizados), equipamentos (piscinas, quadras esportivas, *playgrounds*, salões etc.) e infraestrutura básica (luz, água, saneamento etc.).

— Período: Escolher bem a data, determinar os melhores horários, preocupando-se com a duração.

— Alimentação: Preparar tudo antecipadamente, mantendo um cardápio equilibrado e compatível com as necessidades.

— Meio de transportes: Qual será utilizado, de uso comum ou individual, determinando o ponto de encontro.

— Recursos humanos: Básicos (cozinheiros, motoristas, faxineiros, enfermeiro, nutricionistas etc.) e específicos de recreação (animadores, supervisores, técnicos, arte-educadores, árbitros, coordenadores etc.).

— Uniforme: Para uma boa apresentação e identificação da equipe é adequado que os profissionais trabalhem uniformizados.

— Materiais disponíveis: Fazer um levantamento dos materiais já existentes que poderão ser utilizados.

— Levantamento de custos: Estimativa dos gastos a serem dispendidos e da margem de lucro pretendida, estipulando o preço final para o cliente; determinar a forma de obtenção desse recurso (patrocínio, investimento, taxa de inscrição etc.).

— Critérios para participação: Quem poderá participar e quais os procedimentos que deverão seguir para se envolver.

— Divulgação: Determinar a abrangência, os métodos a serem utilizados e pontos de divulgação.

4.2.2. Inscrição

— Cadastramento/identificação: Elaborar uma ficha contendo todos os dados de identificação do participante (ou equipe) para cadastramento.

— Cuidados com saúde/limitações/comportamento: Elaborar uma ficha, a qual deverá conter dados importantes a respeito dessas características, ficando assim os organizadores a par de tudo o que poderá vir a acontecer durante o período que estiverem em contato com os participantes.

— Termo de responsabilidade: O participante deverá assinar um termo assumindo a responsabilidade sobre sua participação. Em caso de menores, o adulto responsável assinará uma autorização, isentando os organizadores das responsabilidades legais. Salientamos a importância de um contato prévio com os participantes, com o intuito de dar e obter maiores informações (que muitas vezes não são citadas nas fichas).

— Regulamentos: Elaborar e divulgar um conjunto de todas as regras que deverão ser respeitadas.

— Premiação: Analisar a necessidade de premiar vencedores ou participantes. Distribuir equilibradamente os prêmios entre os merecedores. Definir local e momento da entrega da premiação.

— O que levar: Sugerir aos participantes uma lista de pertences que não deverão ser esquecidos (trajes, materiais específicos, objetos de uso pessoal, higiene etc.).

— Recomendações: Lembrar aos participantes alguns itens específicos do programa em questão.

— Localização: Deixar bem claro para os participantes o local onde deverão se apresentar, utilizando-se até mesmo de mapas.

— Horários: Comunicar aos participantes os horários a serem cumpridos.

4.2.3. Programação

— Número de participantes: Estimar o número de participantes envolvidos para embasar o trabalho de programação das atividades.

— Plano de ação: Determinar o sistema como o programa será desenvolvido.

— Atividades: Adequar os melhores tipos de atividades ao público, à organização e à situação identificada anteriormente. Devemos relacionar atividades pertinentes, selecionar as mais adequadas e organizá-las de forma coerente.

— Cronograma completo: É necessário que se monte previamente um cronograma, para que se saiba exatamente o que acontecerá em cada período disponível.

— Material esportivo e recreativo: Estabelecer todo o material necessário para desenvolvimento das atividades e prepará-lo com a devida antecedência.

— Material de primeiros socorros: Manter um estojo de primeiras necessidades sempre à mão, para atendimento imediato em caso de pequenos imprevistos. Ter contato com assistência médico-hospitalar para caso de eventuais problemas. Analisar a possibilidade de convênio médico ou seguro saúde para todos os participantes e ou funcionários.

— Material de uso genérico: Observar se algum outro tipo de material se faz necessário (limpeza, manutenção, divulgação de outros programas, avaliações etc.).

— Balanço financeiro: Fazer uma análise da receita e da despesa do programa, estabelecendo ponto de equilíbrio/lucro/prejuízo.

4.2.4. Operacionalização

— Imprevistos: A função do organizador é tentar evitar todos os imprevistos possíveis, mas mesmo tendo tomado todas as providências anteriores com todo cuidado, ainda assim esses imprevistos poderão acontecer. Nesse caso, o organizador deverá ter perspicácia para perceber, maleabilidade para contornar a situação e criatividade para encontrar soluções alternativas.

— Postura profissional: O organizador deverá ter cuidados para passar ao participante uma imagem totalmente profissional. Para isso, salientamos alguns itens importantes:

• O recreacionista não deve ter a atitude semelhante à do participante, mantendo-se acima de qualquer suspeita;

• Preocupar-se com sua atitude em termos de postura física (como andar, sentar-se, postura à mesa etc.);

• Cuidar da vestimenta, usando trajes bem apresentáveis e de acordo com a ocasião;

- Observar sua aparência pessoal (cabelos, unhas, barba etc.);
- Adequar sua linguagem oral e escrita ao público e à situação, evitando excesso de gírias, palavrões etc.;
- O consumo de cigarros e bebidas alcoólicas normalmente é mal visto pelos participantes. Assim, deverão ser evitados em qualquer quantidade e qualquer circunstância;
- O recreacionista deve evitar qualquer tipo de relacionamento íntimo com algum participante ou mesmo com colegas de equipe;
- Evitar o excesso de atenção a alguns grupos (mais carismáticos), deixando outros em segundo plano. Todos os participantes devem ser tratados igualmente, sem que haja distinção entre eles;
- Manter com os participantes uma relação de simpatia, confiança (segurança) e de amizade, estabelecendo e respeitando limites;
- Estar, na medida do possível, sempre disponível para atender aos participantes;
- Manter um relacionamento de igualdade com os outros profissionais de outros setores, integrando-os se possível;
- Saber fazer e receber críticas de colegas, não competindo para se sobressair, mas sim integrando-se, para realizar um trabalho de grupo;
- Evitar comentários desnecessários sobre o comportamento ou atitude das pessoas em geral.

4.2.5. Avaliação

— Para quê: Através da avaliação criam-se parâmetros para que os próximos programas sejam sempre melhores que os anteriores (*"feedback"*).

— Quando: A avaliação deverá ser feita já durante a execução do programa e encerrada no final. Não deixar tudo para depois para que nenhum item seja esquecido.

— Como: Existem inúmeros processos de avaliação, mas alguns mais utilizados são: observação, "boca a boca", questionários e outros.

— Quem: A avaliação pode ser feita pelos participantes, deve ser feita pelos recreacionistas, e não pode deixar de ser feita pelos organizadores. Estes são os responsáveis pela tabulação dos dados e resultado final.

— O quê: Serão avaliados os materiais, as atividades, a programação, a postura e o desempenho da equipe, o resultado de todas as providências e se os objetivos foram alcançados. Devem ser avaliados os itens independentemente e também o resultado final.

CAPÍTULO 5

LAZER E QUALIDADE DE VIDA

Por muito tempo, os trabalhadores lutaram — e ainda lutam — pela redução da jornada de trabalho em busca de maior tempo livre. Com a revolução industrial e mais ainda após a Segunda Guerra Mundial, os trabalhadores conquistaram essa redução, diminuindo seu tempo de trabalho e consequentemente aumentando seu tempo livre.

Na realidade, muito mais do que tempo livre, os trabalhadores conquistaram também o direito ao lazer; sobrava mais tempo para se divertir, para relaxar, para se entreter e para o seu desenvolvimento pessoal e social, aumentando a sua qualidade de vida.

Quando falamos em trabalhador não estamos só nos referindo aos trabalhadores das indústrias, mas a todas as pessoas que, de uma forma ou de outra, ocupam seu tempo de trabalho produzindo, seja na indústria, no comércio, a criança na escola, a dona de casa, enfim todos aqueles que estão relacionados à produção.

Talvez, na época, os trabalhadores não usassem nomenclaturas do tipo **tempo livre** ou **lazer** mas, com certeza, eles sentiam a necessidade desse lazer e da melhora da qualidade de vida.

Fomos ao passado para entender o futuro. Nos tempos de hoje também se luta pelo direito ao lazer e pela qualidade de vida. Essa luta não é mais somente com os empreendedores, mas também com o progresso e o ritmo da vida moderna.

Com o desenvolvimento da tecnologia e do progresso, surge também o *stress* da vida moderna e as pessoas vêm cada vez mais buscando o bem-estar físico, mental, social e cultural, sinônimo de qualidade de vida.

A qualidade de vida tem sido muito discutida hoje em dia, principalmente nas grandes cidades, onde o progresso e a tecnologia têm contribuído para o desenvolvimento e ao mesmo tempo têm sido prejudiciais; as pessoas se tornaram "prisioneiras" desse desenvolvimento e a qualidade de vida passou de importante a necessária.

As empresas, os órgãos públicos, as instituições, os centros comunitários e outros têm exercido papel fundamental para as pessoas. É grande a sua preocupação com a qualidade de vida. Cada vez mais surgem programas de lazer oferecidos por essas instituições. Essas iniciativas têm contribuído — e muito — para aumentar a qualidade de vida das pessoas.

O lazer é um direito garantido pela Constituição Brasileira a todos os cidadãos (crianças, adolescentes, adultos, terceira idade, portadores de necessidades especiais etc.), mas não é preciso esperar as iniciativas das instituições. As pessoas podem escolher sozinhas, com a família, com os amigos, a melhor forma de usufruir seu tempo livre.

O lazer tem sido diretamente relacionado ao poder aquisitivo. É preciso que as pessoas entendam que o divertimento, o entretenimento, o lúdico podem ser adquiridos em quaisquer situações — pagas ou não pagas. Podemos citar como exemplo, os parques públicos, as praças, as praias, as feiras culturais, os shows oferecidos à comunidade, o próprio futebol (tão popular entre os brasileiros), as escolas de samba etc., que normalmente são oportunidades gratuitas. Existe, principalmente nas grandes cidades, uma oferta muito grande de divertimento para a população.

Usufruir dessas oportunidades é uma forma de melhorar sua QUALIDADE DE VIDA.

Parte II

Áreas Específicas de Atuação

CAPÍTULO 1

A RECREAÇÃO EM ESCOLAS

A recreação na escola é, talvez, o mais antigo trabalho de recreação que se tem conhecimento. Porém, cada vez mais, vai tomando um aspecto diferente, pois o próprio ambiente escolar vem se transformando. Os professores de sala e os professores de Educação Física desenvolviam atividades simples, sempre com o intuito de desenvolvimento psicomotor e cultural dos alunos. Pouco a pouco, vão abrindo espaço para a recreação mais ampla, desenvolvida até mesmo fora do horário de aula.

Neste caso, o espírito é muito mais lúdico, realizando atividades simplesmente em busca do prazer da diversão.

A recreação na escola, então, acontece em dois momentos diferentes. Um deles é durante a aula (de qualquer disciplina), no seu início ou no final, ou até mesmo nos horários de intervalo, com atividades que tenham como objetivo somente o lúdico, apenas para descontração dos alunos. Em algumas escolas a recreação passou a ser utilizada constantemente nos horários de intervalo com o intuito de direcionar atividades para as crianças. É importante ressaltar que são atividades onde a participação deve ser livre e espontânea, respeitando a escolha da criança no seu tempo livre. Há uma grande diferença entre uma aula e um momento de recreação durante a aula, pois na aula sempre estará presente o objetivo cultural ou formativo, enquanto a recreação, como já vimos, tem como objetivo apenas o fato de recrear. Não podemos deixar de salientar que em qualquer dos casos sempre estará presente o caráter educacional.

Outro momento de recreação na escola, este mais favorável à atuação do recreacionista, são as atividades proporcionadas a todos os alunos da escola, ainda não visando objetivos específicos, mas sim o lúdico. Essas atividades exploram datas ou momentos especiais, até mesmo os finais de semana ou férias escolares, como veremos.

Esse momento de recreação necessita do auxílio de outros profissionais e outros professores, propiciando um trabalho multidisciplinar e assim viabilizando a interdisciplinaridade. Há ainda a atuação de recreacionistas que organizam e promovem atividades ou eventos recreativos dentro e fora da escola. Para melhor ilustrarmos, citamos como exemplo de atividades recreacionais dentro da escola as festas, gincanas, matroginástica, programas de férias, festivais de dança, festivais de música, concursos e outros. Fora da escola temos passeios em geral, viagens, acampamentos, acantonamentos, visitas e outros.

Os programas de férias são atividades feitas durante o período de recesso escolar. A escola abre suas portas para receber os alunos, promovendo atividades recreativas, mais uma vez voltadas para o lúdico e desvinculadas do compromisso puramente cultural ou formativo. Levam-se os alunos até a escola com o intuito de entretê-los e diverti-los durante todo o dia.

Esse trabalho se estende também à família dos alunos. Principalmente nas grandes cidades, pela falta de espaços adequados para o lazer, as escolas passaram a ser vistas como espaços alternativos. Assim, pais e filhos podem, juntos, utilizá-los de forma lúdica e prazerosa, normalmente fora do horário de aula e principalmente nos finais de semana.

A ideia de utilizar os espaços da escola serve não só para divertir os pais, mas também para aproximar a família. As crianças passam a maior parte do seu tempo dentro das escolas, e através desses programas os pais acabam vivenciando, junto com os filhos, esses espaços. Os programas trabalham com atividades lúdicas de caráter físico, intelectual, artístico e de integração social.

Utilizam-se atividades físicas, culturais, artísticas e sociais, porém todas sem compromisso, de forma apenas a propiciar o lúdico.

CAPÍTULO 2

A RECREAÇÃO EM HOTÉIS

2.1. Tipos de hotel para recreação

Os hotéis que oferecem serviços de recreação podem ser divididos em três categorias, que denominaremos: Hotel de Praia, Hotel de Campo e Hotel de Estância. As três categorias diferenciam-se em função dos equipamentos de lazer encontrados, em função do tipo de hóspedes que frequenta tal hotel e seu comportamento, e consequentemente em função das atividades que serão propostas em cada caso.

No Hotel de Praia, costuma-se utilizar quadras esportivas montadas na areia, campo de futebol, salão ou áreas para ginástica, a própria praia e o mar, passeios, excursões e outros. É onde se encontra a maior incidência de jovens, exigindo atividades de muita movimentação e uma busca de contato entre as pessoas. A dinâmica das atividades não é tão alta nem tão calma.

No Hotel de Campo, em sua maioria hotéis-fazendas, encontramos grandes áreas livres disponíveis. Os equipamentos e materiais de lazer sempre são mais sofisticados e existe uma exigência maior por parte dos hóspedes. Há um número maior de famílias formadas por casais com filhos que podem ser crianças ou adolescentes; o estímulo gira principalmente em torno dos próprios equipamentos oferecidos pelo hotel. A dinâmica das atividades é altíssima.

No Hotel de Estância, quase sempre semiurbanos, o espaço livre disponível é menor. As atividades são mais internas ou exigem que o hóspede saia da área do hotel para realizá-las.

As faixas etárias são normalmente mais altas, com muita presença da terceira idade.

O estímulo é pelo descanso e as atividades são mais passivas. A dinâmica das atividades é mais calma.

Existem também os *"Spas"*, que além de desenvolverem cuidados com a saúde têm diversificado sua programação de lazer, oferecendo também jogos, gincanas e brincadeiras para seus hóspedes, como forma de passatempo e distração; os *"Resorts"* (macrocomplexos turísticos) que são hotéis de luxo totalmente voltados para o lazer; também os *"Lodges"*, que são hotéis de selva, localizados em sua maioria na região Norte do país e que oferecem atividades na selva.

2.2. Objetivos do hotel e da equipe de recreacionistas

Ao contratar uma equipe de recreacionistas, o estabelecimento hoteleiro está buscando oferecer a seus hóspedes um serviço a mais. Com isso, ele cria mais um diferencial, na tentativa de superar a concorrência. Dessa forma, a direção ou gerência do hotel divulga suas campanhas de marketing com temas voltados para as atividades recreativas. Por esse motivo, diretores e gerentes acham que todo hóspede deve participar obrigatoriamente das atividades recreativas propostas, pois só assim ele estará plenamente satisfeito, retornando e recomendando o hotel, gerando maior retorno financeiro.

Por outro lado, a equipe de recreacionistas, ciente das características básicas da recreação, sabe que a prática espontânea e a escolha livre são condições de primeira importância. Por isso, para satisfazer plenamente o hóspede, é necessário deixá-lo livre para participar quando quiser e se quiser. Deve a equipe convidar todos os hóspedes à participação, mas nunca torná-la compulsória.

Dessa diferença de pontos de vista é que surgem problemas, quando a gerência do hotel vê hóspedes sem participar e cobra isso da equipe de recreacionistas, a qual sabe que essa não participação é opção do hóspede. Decorre disso que os recreacionistas, muitas vezes, necessitam fazer um trabalho prévio de esclarecimento de pontos de vista com a gerência e diretoria do hotel para poderem todos juntos desenvolver o melhor trabalho com os hóspedes.

2.3. Localização dos profissionais de recreação no organograma do hotel

O setor de lazer de um hotel está diretamente ligado à gerência geral e à gerência de *marketing* do mesmo. Existem três maneiras mais comuns de se contratar recreacionistas para execução de atividades recreativas:

> 1 — Pode haver uma equipe de recreacionistas com todos seus elementos contratados diretamente pelo hotel. Seu vínculo será com o próprio hotel. Esse sistema é mais utilizado por hotéis que têm taxa de ocupação alta durante todo o período do ano, independentemente de períodos e épocas especiais.
>
> 2 — O hotel contrata apenas um ou dois indivíduos, os coordenadores, os quais têm vínculo com o hotel. Esses coordenadores, por sua vez, escalam a equipe de animadores que irá atuar. Estes animadores geralmente são *"free-lancers"* e trabalham como autônomos. São chamados em maior ou menor quantidade de acordo com a ocupação do hotel no período. Esse sistema é mais utilizado por hotéis que têm sua taxa de ocupação muito variável de acordo com a época do ano ou finais de semana etc.
>
> 3 — Há ainda a contratação de empresas de prestação de serviços de recreação. O vínculo do hotel é apenas com a empresa, através de contrato. A empresa, por sua vez, contrata os animadores, que podem ser *"free-lancers"* ou funcionários da mesma.

Nesse caso, os vínculos dos animadores são com a empresa e não com o hotel. Esse sistema é mais utilizado por hotéis que dão preferência à terceirização, não tendo que se preocupar com detalhes técnicos e deixando mais tempo disponível para outros setores. Efetivamente, o custo, neste caso, para o hotel, é mais oneroso.

2.4. Plano de ação

O número de animadores que atuam em uma equipe de animação para hotéis varia de acordo com a capacidade de hospedagem do hotel, sua ocupação, a quantidade de atividades propostas, o nível de exigência por parte dos hóspedes etc. De uma forma geral, podemos aproximar uma proporção média de um animador para cada 40 hóspedes. Mesmo assim, é desaconselhável qualquer tipo de atuação de um indivíduo sozinho.

Essa equipe deverá ser dividida em setores de atuação, para melhor divisão do trabalho.

Em face da necessidade do momento, qualquer divisão coerente com a realidade do local deve ser adotada.

Porém, é de suma importância que exista essa divisão, a fim de que todos os setores tenham seu responsável. Apesar da divisão, os setores não devem separar-se, havendo um auxílio entre uns e outros.

Em qualquer dos casos, destacar-se-á um coordenador da equipe, que será o elo de ligação entre esta e o hotel. Quanto maior a equipe e quanto maior o número de setores em que esta se divide, mais necessário se faz que o coordenador deixe de ter as funções de animador, para tomar a posição apenas de supervisor, apoiando e dando subsídios para todos os setores e seus respectivos animadores trabalharem nas melhores condições possíveis.

2.5. Reciclagem dos recreacionistas e das atividades

A sobrecarga de trabalho, o desgaste físico, psicológico e mental de um animador, principalmente em altas temporadas, são frequentemente observados. A fim de evitar tais problemas, é importante que sejam respeitadas as devidas horas de descanso, folgas periódicas e férias anuais.

Existe também a necessidade de uma reciclagem periódica das atividades propostas, para que o hóspede que retorne ao mesmo hotel possa sempre encontrar novidades e não se sature.

Portanto, é importante que os animadores estejam frequentemente reciclando seus conhecimentos através de cursos, estudos, congressos, intercâmbios etc., pois deverão estar a par de todo o universo da recreação e não somente da organização onde trabalha. Isto facilitará a elaboração de novas atividades.

2.6. Equipamentos e materiais

Os equipamentos e materiais utilizados para as atividades de recreação devem ser de propriedade do hotel, porém são os recreacionistas os responsáveis por eles, uma vez que são os profissionais que mantêm contato mais frequente com esses materiais. Antes das atividades, os recreacionistas deverão determinar o material necessário, requisitar e fazer aquisição desse material, colocando-o instalado e à disposição no local de execução da atividade. Durante a atividade, suprem as estações, cuidando para que se faça o uso devido desse material. Também substituem e reparam o material desgastado além de evitar depredações e gastos desnecessários. Após a atividade, os recreacionistas recolhem o material não perecível, devolvem o material emprestado ou alugado, fazem ou recomendam reparos se necessário, bem como arquivam, guardam e armazenam todo o material reaproveitável.

> OBSERVAÇÃO: Para o melhor desenvolvimento da recreação em hotéis, siga os passos do capítulo 4 da parte I (Organização de um Programa Recreativo).

CAPÍTULO 3

A RECREAÇÃO EM ACAMPAMENTOS E ACANTONAMENTOS

Tanto a palavra "acampamento" quanto a palavra "acantonamento" têm dupla conotação. Vem daí a dúvida quanto às diferenças entre elas. Vamos então analisá-las.

Acampamento

Atitude: Instalar-se em barracas. Toda pessoa que estiver utilizando barracas como forma de acomodação estará fazendo um acampamento.

Espaço Físico: O local onde as barracas são montadas costuma ser chamado de acampamento.

Acantonamento

Atitude: Quando um grupo de pessoas com alguma característica comum se desloca para um mesmo lugar, tendo pelo menos um objetivo comum e com espírito lúdico, essas pessoas estarão fazendo um acantonamento, não importando se isso acontece num hotel, num sítio ou mesmo numa casa de praia.

Espaço Físico: Alguns espaços, basicamente sítios ou chácaras, foram adaptados e aperfeiçoados para receberem pessoas que saíam para acantonar-se. Esses locais pouco a pouco foram se especializando cada vez mais nesse tipo de negócio e de tanto serem utilizados para acantonamentos, passaram a ser chamados de acantonamentos, porém no sentido de espaço físico. São características desses locais: alojamentos (chalés ou quartos); refeitório; melhoramentos (luz, água, esgoto etc.); banheiros com as devidas instalações; instalações esportivas e recreativas; áreas verdes livres disponíveis; exploração comercial.

Acantonamento Recreativo Educacional (ARE)

As comunidades religiosas são as primeiras a desenvolver ações no sentido de levar crianças e adolescentes para locais como sítios ou chácaras, sem o acompanhamento dos pais, para transmitir a mensagem religiosa e proporcionar momentos de reflexão a esse público, oportunizando a vivência em grupo, de forma educacional e recreativa ao mesmo tempo. Pouco depois, outras instituições, não religiosas, começam também a desenvolver esse trabalho. Com o passar do tempo, esses programas tornaram-se cada vez mais aprimorados, sempre no intuito de manter um equilíbrio entre o lado recreativo e o lado educacional. Surgem assim os *Acantonamentos Recreativos Educacionais (ARE)*.

O ARE deve propiciar para que o participante tenha integração íntima com a Natureza, desenvolvimento da sociabilidade, consciência de seus direitos e deveres e aquisição de autoconfiança.

Os principais objetivos de quem organiza um ARE são a possibilidade educacional que ele oferece e a exploração comercial, transformando-o em um meio lucrativo.

Os objetivos do cliente de um ARE podem estar voltados para o próprio participante, ou no caso de menores, podem estar voltados aos interesses dos pais ou responsáveis.

Dentre os principais objetivos dos clientes, podemos salientar a complementação escolar, a socialização, a quebra da rotina de estudos, família, trabalho, ou a possibilidade de manter as crianças sadiamente ocupadas enquanto os pais dedicam seu tempo a outros afazeres.

O ARE pode estar baseado em algum programa especializado, ligado à sociabilização, à Natureza, ou à cultura e educação, como no caso de acantonamentos voltados para modalidades esportivas, estudos de idiomas, encontros religiosos, movimentos ou estudos ecológicos, estudos de meio ambiente, entre outros.

Para a melhor elaboração de um **acantonamento recreativo educadional**, siga os passos do capítulo 4 da parte I (Organização de um Programa Recreativo).

CAPÍTULO 4

A RECREAÇÃO EM FESTAS

Festas são reuniões de pessoas para fim de divertimento, solenidade, comemoração ou celebração de acontecimento. As pessoas vão a festas com interesses que podem ser semelhantes ou diferentes. O desenvolvimento de cada festa varia de acordo com a entidade que a promove.

Os principais tipos de festas existentes são: folclóricas, religiosas, familiares, cívicas, escolares, empresariais, classistas, de clubes, comerciais, de datas especiais e outras.

A principal característica de uma festa é o imaginário. A festa tem a possibilidade de despertar o imaginário de seus participantes, fazendo-os adotar posturas e comportamentos diferentes do seu dia a dia, em função de uma grande motivação do lúdico de qualquer ser humano, que é o "ver e ser visto". Fazem parte desse despertar do imaginário a elaboração da fantasia, a simulação do belo, a representação social, a indumentária, a gestualidade, a postura física, a linguagem etc.

As festas podem ser classificadas em pequenas e grandes, sendo que as pequenas contam com um número de pessoas reduzido, formando um grupo mais fechado, com maior número de interesses comuns. Já as grandes têm grande número de pessoas que caracterizam um grupo mais aberto, onde os participantes não se inter-relacionam na sua totalidade.

São vários os motivos pelos quais os recreacionistas são contratados para elaboração e execução de festas. O contratante necessita de uma autoafirmação social; necessita de uma autoafirmação econômica; percebe uma possibilidade de melhor organização, através de um trabalho profissional. Essa contratação se deve ainda ao comodismo, falta de tempo e falta de criatividade do contratante, ou ainda, ao modismo.

Para a melhor elaboração de uma **festa**, siga os passos do capítulo 4 da parte I (Organização de um Programa Recreativo).

Em caso de festa infantil, quase sempre festas de aniversário, temos que observar todos estes pontos já levantados e além deles outros dois itens de especial importância, que se encontram no diagnóstico. São eles o conhecimento do tema da festa, isto é, se ela se baseia em algum fato ou personagem da época, pois deveremos adaptar a esse tema todas as atividades, ornamentação do salão, vestimentas, linguagem etc. O outro item é a preferência do dono da festa, para ter certeza de satisfazer seus anseios e não insistir em pontos não agradáveis. A partir daí, as outras etapas prosseguem normalmente.

Ao elaborarmos uma festa, devemos sempre fazer um *"checklist"*, ou seja, uma lista de todos os detalhes que não podem ser esquecidos (anamnese), o qual deverá conter todo o cronograma das atividades, materiais utilizados, recursos humanos necessários e espaços onde as atividades serão desenvolvidas. O intuito desse *checklist* é organizar ao máximo o trabalho, não sendo pego de surpresa por situações adversas.

A grande festa, pelas suas características (grande número de participantes e grupo aberto) demanda cuidados especiais de elaboração e organização, a fim de que sejam atendidas todas as expectativas dos mais diferentes públicos. Vamos estudá-los cuidadosamente.

A partir da recepção, já devemos nos preocupar com o fato de chamar a atenção dos participantes para o local onde a festa está sendo desenvolvida e lhes mostrando que estarão acontecendo atividades recreativas e que esse é um dos pontos altos da festa. A entrada do espaço utilizado deverá estar especialmente decorado e enfeitado, com elementos de animação já à porta, tal qual bandinha de música, recepcionistas, animadores, bichinhos fantasiados etc. Em seguida, o conjunto formado por uma boa aparelhagem de som e um bom animador ao microfone darão vida à festa, comunicando, animando e informando aos participantes tudo o que está disponível para sua total diversão. Música de fundo é de extrema importância. As atividades acontecerão em diversos pontos diferentes, explorando interesses diferentes, ocorrendo paralelamente. Podem-se dividir as atividades por estações, observando-se as faixas etárias ou o perfil dos participantes ou qualquer outra característica que os una. Essas atividades são de pouca ou muita movimentação, tentando aproveitar o espaço disponível na sua totalidade. Temos, como exemplo de atrações, os jogos, brincadeiras, concursos, competições, gincanas, artes plásticas, pintura no rosto das crianças, shows de mágica, palhaços, malabaristas, dança, cantores etc.

É importante escalonar as atividades e promover para que hajam momentos onde o participante da festa estará no papel de espectador e outros momentos onde ele será o protagonista das atividades. Sempre que possível, a festa deve culminar em um ápice, um ponto alto, encerrando-se com uma dinâmica de impacto. É também o momento de se processar a entrega de prêmios e brindes, caso existam.

Os participantes sempre saem de uma festa esperando a data da próxima.

Numa festa infantil de aniversário, o procedimento básico está em observar que as atividades de início não deverão contar com número exato de participantes, pois os convidados estão chegando aos poucos e temos o intuito de mantê-los juntos, na mesma atividade, ao mesmo tempo. Depois de a maioria já estar presente, iniciam-se as atividades de maior dinamismo e culmina-se com o cantar do Parabéns, bolo, doces e entrega de lembranças.

CAPÍTULO 5

A RECREAÇÃO EM CLUBES

Apesar de podermos encontrar alguns clubes que desenvolvem programas de atividades recreativas durante a semana, sabemos que o grande potencial da recreação nos clubes acontece nos finais de semana.

Nos sábados, domingos e feriados, notamos crianças e adolescentes desfrutando de toda a animação que um clube oferece, inclusive muitas vezes sob orientação de recreacionistas especializados, os quais programam a melhor maneira de desfrutar o tempo livre. Durante todo o dia, diversas atividades são promovidas sempre na tentativa de agradar a todos os gostos.

Além dos finais de semana, temos também nos clubes os programas de férias, que, assim como nas escolas, acontecem nas férias escolares. As crianças passam todo o dia no clube, durante um período preestabelecido, fazendo atividades recreativas que se complementam dentro de um programa maior.

Em alguns casos, as crianças passam a noite também no clube, seja na sede urbana ou na sede campestre, acomodados em alojamentos adaptados em salões ou outros espaços disponíveis, numa atividade idêntica aos acantonamentos recreativos. Ainda há casos de clubes que levam seus associados para outros espaços, viagens, excursões, passeios, acantonamentos propriamente ditos, piqueniques etc.

Os profissionais de recreação que atuam em clubes, em geral, são funcionários do próprio clube, a não ser em eventos especiais que demandam um número maior de recreacionistas, os quais podem ser contratados como *free-lancers*. Em grandes eventos também vemos a ocorrência de contratação de empresas prestadoras de serviços de recreação.

As atividades recreativas a serem desenvolvidas devem sempre ser programadas de acordo com os recursos humanos, recursos materiais e principalmente espaços disponíveis, pois nem sempre os espaços existentes estão livres para utilização com atividades recreacionais, pois a recreação normalmente não tem posição de destaque dentro das prioridades do clube.

O desenvolvimento do programa recreativo se dá através de diversas atividades concomitantes, as quais pretendem ir de encontro aos anseios de todo um grande número de associados de diversas faixas etárias.

O adulto, por sua vez, não tem a predisposição de ir até o clube para participar de atividades recreativas como competições, jogos e gincanas. Há uma busca maior por atividades sociais, como atividades na piscina, festas, o encontro no bar ou prática puramente desportiva. Devemos lembrar que esses momentos devem, então, ser explorados pelo recreacionista que estará atento às atividades que condizem com esse comportamento peculiar.

Há ainda as festas, que em clubes são eventos de destaque, sendo uma das melhores opções de recreação.

Não podemos deixar de citar outros tipos de animação como salas de televisão, vídeo, cinema, teatro, exposições, desfiles, carteado, shows, espaços de dança etc; que também deverão ser programados e realizados pelos recreacionistas.

CAPÍTULO 6

A RECREAÇÃO EM EMPRESAS

O desenvolvimento do trabalho de recreação dentro de empresas começa a ser desenvolvido pelos grêmios e associações classistas, na tentativa de se manter um funcionário mais integralmente preparado, pois o homem que não se recreia é um animal doente. Pouco a pouco o recreacionista vai encontrando seu espaço nesse filão do mercado, podendo vir a desenvolver atividades esportivas e de diversão comum durante os finais de semana.

Porém, a ideia de recreação na empresa extrapola esses limites e vai-se fazendo necessária a animação a todos os momentos, dentro da empresa e durante a permanência do trabalhador dentro dela. A chamada Motivação empresarial.

As atividades recreacionais que aconteciam em finais de semana, como festas, jogos, bingos, quermesses etc. abrem espaço para os pequenos entretenimentos mais simples que acontecem inclusive em horários de almoço e final de expediente. O trabalhador que tem 1 hora para seu almoço utiliza 15 minutos para se alimentar e os outros 45 minutos em função de seu lazer. É o momento que o recreacionista deve aproveitar para oferecer aos funcionários aquilo que ele necessita para desenvolver sua recreação.

Num outro enfoque, poder desfrutar do seu ambiente de trabalho para desenvolvimento de atividades lúdicas, cria no funcionário uma empatia com seu local de produção, e ele vai se sentir muito melhor quando lá estiver.

As atividades e eventos de lazer que trazem a família do trabalhador para dentro das paredes da empresa possibilitam a esse trabalhador expor a seus familiares o espaço onde ele passa a maior parte de seu tempo, mais ainda que em sua própria casa. A família passa a respeitar mais a empresa e o trabalhador terá oportunidade de se orgulhar do que faz.

Os recreacionistas, então, deverão se preocupar com uma programação diversificada, uma vez que se pretende contentar adultos e crianças, homens e mulheres. A recreação para a família vai acontecer principalmente nos finais de semana, mas insistimos que a recreação do trabalhador deve ser otimizada no dia a dia.

A integração com os outros funcionários, até mesmo de outros setores, também é um fator importante que acontece em consequência da recreação. Muitos funcionários que nem mesmo se vêem durante o período de trabalho vão se encontrar nas mesas de carteado ou numa sessão de vídeo exibido pela empresa. A recreação equilibra diferenças, pois, diretores, gerentes e operários jogam basquete no mesmo time e nenhum deles tem superioridade hierárquica naquele momento.

Outro benefício que as empresas podem oferecer em função do lúdico é a divulgação e viabilização da participação de seus funcionários em passeios, atividades culturais, *shows*, cinema, teatro, parques privados etc., através de convênios e promoções que minimizam os custos de ingressos, algumas vezes tornando-os até mesmo gratuitos.

A recreação em empresas, como vimos, tem como objetivo principal, a melhora da qualidade de vida dos funcionários e familiares.

CAPÍTULO 7

A RECREAÇÃO EM ACADEMIAS DESPORTIVAS

O trabalho de recreação em academias ainda é uma novidade, porém, as academias desportivas já começam a explorar diversas opções de lazer. Nas academias, o trabalho vai se assemelhar muitas vezes com o trabalho na escola e outras vezes com o trabalho no clube. Em grandes centros urbanos, é muito comum reparar-se que as academias tiram o público dos clubes, substituindo-os.

A recreação se desenvolve de forma estruturada em datas especiais, como o aniversário da academia ou simplesmente no final de semana, buscando a integração de seus frequentadores entre si e com a academia. Também pode acontecer no final de uma aula ou num dia escolhido aleatoriamente pelo professor. O trabalho recreativo durante as próprias aulas atrai mais o público e descontrai o grupo, possibilitando uma melhor predisposição para a busca do desempenho.

A academia busca uma performance física, porém, integrada com a recreação, pode propiciar também um trabalho de relaxamento mental, pois um bem-estar não está completo quando só trata do corpo; há que se preocupar também com a mente e o espírito.

Também na academia precisamos nos preocupar com as diversas faixas etárias, pois elas estão quase todas ali representadas e devemos adaptar o trabalho a todas elas. Um público cada vez mais relevante nas academias é o infantil.

"Toda vez que se quer atingir um adulto, comece pelas crianças."

Muitas vezes os adultos não têm com quem deixar os filhos enquanto frequentam academia. Com isso, alguns estabelecimentos criaram espaços infantis, que servem para as crianças se divertirem de forma direcionada e segura enquanto seus pais participam das aulas. Note-se que não estamos falando de um "depósito de crianças"; não são espaços para apenas se "tomar conta de crianças". É importante a interferência de um profissional qualificado para preparar e aplicar atividades adequadas e direcionadas a essa faixa etária.

Os professores das academias podem estar preparados para o desenvolvimento das atividades recreativas, porém, se necessário, acontecerá a contratação de recreacionistas profissionais ou empresas especializadas.

Na dificuldade de espaços disponíveis, qualquer um pode ser adaptado para a recreação, como as piscinas, jardins, estacionamentos, salas de ginástica, pequenas quadras etc., além da possibilidade de se desenvolver um trabalho recreativo fora das instalações, tais como passeios, viagens, excursões, festas, entre outros.

Com essa preocupação com a qualidade de seus serviços, as academias atraem mais sócios e aumentam sua receita.

CAPÍTULO 8

A RECREAÇÃO EM CONDOMÍNIOS

O crescimento dos centros urbanos nos trouxe uma população mais preocupada com a violência, insegurança e falta de espaços de lazer. Com isso nos deparamos, cada vez mais com a formação de condomínios residenciais.

São empreendimentos que prezam pela boa moradia, segurança e principalmente pelos espaços de lazer. Em algumas apresentações de condomínios os espaços de lazer são considerados o "carro chefe" das campanhas publicitárias.

O surgimento desses condomínios trouxe mais um abrangente campo de trabalho para os recreadores.

No início esses espaços existiam sem que os moradores soubessem como utilizá-los, principalmente no período de férias escolares onde as crianças ocupavam algumas áreas de lazer sem saber como buscar o divertimento.

Surgiu então a procura pela equipe de recreação, profissionais qualificados que organizavam, direcionavam e aplicavam atividades recreativas adequadas, principalmente para as crianças no período de férias escolares.

Com o passar do tempo esse trabalho foi se estendendo para outros períodos do ano e também para outras faixas etárias.

Existem equipes que trabalham permanentemente nesses condomínios.

Além das quadras, piscinas e salões, alguns condomínios oferecem como espaços bosques, gramados e outros espaços alternativos, auxiliando o trabalho da recreação.

Preocupados com o meio ambiente, alguns condomínios trabalham com a reciclagem de lixo. Ótima oportunidade para desenvolvermos atividades recreativas criativas e educacionais que cooperem com a preservação do planeta.

CAPÍTULO 9

A RECREAÇÃO EM NAVIOS

Talvez o navio encerre a situação mais propícia à atuação dos recreacionistas, pois, as pessoas que ali se encontram estão numa situação de expectativa e as opções não existem, pois enquanto em trânsito, ninguém ali entra e ninguém dali sai. O passageiro está em busca de diversão e costuma, por isso, aceitar muito bem as sugestões dos recreacionistas.

A atuação em navios de grande porte vai se assemelhar muito à que notamos em hotéis, como se o navio fosse um grande hotel flutuante. Portanto, podemos desenvolver o trabalho baseados nos parâmetros da recreação em hotéis.

A programação cultural, social e física inclui jogos aquáticos, jogos desportivos, shows, festas, bailes, gincanas, competições, concursos, entre outros.

Existem também passeios menores, feitos em embarcações de pequeno e médio porte, como, por exemplo, saveiros e escunas. Não há muito espaço físico, mas o trabalho pode ser desenvolvido normalmente, através de jogos mais simples, atividades de pouca movimentação, músicas e cantorias e atividades adaptadas para tais circunstâncias.

CAPÍTULO 10

A RECREAÇÃO EM ÔNIBUS DE TURISMO

Sendo o ônibus o meio de transporte mais utilizado nas situações onde temos atividades recreativas, é frequente o trabalho de recreação dentro dele, pois uma simples viagem, visita, acantonamento, acampamento, excursão, passeio escolar, passeios em geral e outros, demandam a utilização de ônibus e consequentemente o trabalho de animação.

O maior contratempo que se enfrenta nesse trabalho é a falta de espaço. Porém, as atividades deverão ser adaptadas, não permitindo que a animação deixe de acontecer.

A posição do recreacionista também fica prejudicada, tendo ele que se manter na frente do grupo, viajando de costas, tomando extremo cuidado para não cair nas curvas e freadas.

O recreacionista vai tentar evitar fazer com que os passageiros se locomovam, procurando oferecer atividades das quais eles possam participar mesmo sentados. A proximidade entre as pessoas pode ser um fator auxiliar ao recreacionista, pois propicia a integração. O número exato de pessoas também facilita um pouco o trabalho, uma vez que ninguém entra e nem sai do grupo durante o percurso.

Muitas atividades, se adaptadas, poderão ser utilizadas no espaço do ônibus, porém os tipos de atividades mais utilizados são as cantorias, jogos de adivinhação, atividades culturais, desafios e outros.

CAPÍTULO 11

A RECREAÇÃO NA NATUREZA

Cada vez mais os indivíduos têm se interessado pelo contato com a natureza e tudo o que ela propicia como opção de lazer. A confirmação desse fato pode ser constatada pela procura cada vez maior por atividades e esportes alternativos, também conhecidos como esportes radicais. Podemos citar como exemplo *rafting*, canoagem, alpinismo, *surf*, *rapel*, mergulho etc.

O fato é que, ao explorar a natureza, os indivíduos menos conscientes podem prejudicá-la, muitas vezes sem nem saberem que o estão fazendo.

Toda a discussão sobre as agressões à Natureza que os movimentos preservacionistas promovem — as preocupações com o buraco na camada de ozônio, derramamento de óleo nos mares, lixo atômico e químico, extinção de animais e florestas e outros — pode ser sintetizada em uma afirmação: os recursos naturais não são infinitamente renováveis.

Se a questão é preocupante para cientistas, não deve ser menos para quem gosta e aprecia a Natureza. O fato de não usar produtos com o CFC que ataca a camada de ozônio, de não caçar ou arrancar plantas, não quer dizer que o montanhista cumpre com toda a sua responsabilidade. O uso das trilhas, para simples caminhadas, também pode ser muito destrutivo: o lixo abandonado envenena e mata animais, os corta caminhos provocam erosões, a sujeira contamina rios.

O antídoto — 14 princípios do "Mínimo Impacto", uma filosofia que nasceu entre os montanhistas e vem se alastrando, embora em velocidade menor que o crescimento da procura por atividades silvestres. Por isso, além de conhecer e praticar, é fundamental divulgar ao máximo as regrinhas do "Mínimo Impacto", tão simples quanto eficientes, não apenas para a preservação do meio ambiente, mas também para a segurança e conforto do próprio montanhista. São elas:

1. ANTES DE SAIR PARA UMA CAMINHADA

— Pesquise a respeito de seu roteiro e da região;

— Planeje seu roteiro selvagem e deixe sempre alguém avisado sobre ele;

— Leve alimentação adequada: evite enlatados, leite em caixa, vidros ou bebidas alcoólicas;

— Leve roupas e equipamentos que o mantenham quente, seco e confortável. As roupas dentro da mochila devem ser embaladas em sacos plásticos;

— Conheça as técnicas básicas de primeiros socorros e orientação na Natureza.

2. PROVIDÊNCIAS ADMINISTRATIVAS

— Verifique se a área onde você quer caminhar pode receber visitantes;

— Peça as autorizações exigidas para frequentar parques e reservas;

— Informe-se sobre o regulamento desses locais.

3. NAS TRILHAS

— Escolha um calçado já usado, adequado para seu conforto e segurança, de acordo com as condições do terreno. Use dois pares de meias para evitar bolhas;

— Elimine a tentação de cortar caminhos ou de usar atalhos nas trilhas sinuosas, mesmo se a trilha não estiver em boas condições: é uma eficiente maneira de evitar a erosão no terreno;

— Nas pausas para descanso, escolha áreas que possam absorver o impacto de sua passagem;

— Frequentadores da Natureza têm maior responsabilidade pela preservação ambiental.

4. NO ACAMPAMENTO

— Escolha um local para o acampamento com escoamento de águas adequado e use um plástico sob a barraca para mantê-la seca sem que seja necessário cavar valas;

— Se o acampamento for longo, mude a barraca de lugar a cada dois ou três dias para evitar a morte da vegetação rasteira;

— Monte o acampamento a pelo menos três metros de fontes e nascentes;

— Sempre que possível, acampe em áreas já previamente usadas para evitar expansão dos descampados;

— Abandone o local de acampamento com a menor quantidade possível de vestígios de sua passagem.

5. LIXO

— Recolha todo o lixo que você encontrar nas trilhas;

— Traga de volta todo o lixo que você produzir ao longo das caminhadas e no acampamento. Lembre-se que a coleta de lixo, quando existe, é geralmente precária nos parques e reservas mais retirados;

— Só queime o lixo em último caso, e mesmo assim não o abandone. Enterre o que sobrar para que animais selvagens não morram ao comer os detritos;

— Se você pratica pesca, não deixe espinhos ou sobras de peixes nas margens dos rios.

6. SANEAMENTO

— Se possível, use as instalações sanitárias disponíveis;

— Quando elas não existirem, afaste-se da área do acampamento, trilhas ou cursos d'água e cave um buraco.

7. BANHO

— O banho deve ser sem sabonete ou xampu, assim como a lavagem de roupas;

— Quando o uso do sabonete for indispensável, mesmo biodegradável (que também agride o meio ambiente), enxágue os cabelos ou roupas a uma distância mínima de três metros do curso d'água, nunca dentro dele;

— Mantenha a mesma distância para jogar a espuma do creme dental.

8. LOUÇA

— Tente lavar a louça sem usar sabão, ainda que biodegradável. Retire a gordura com papel e depois enxágue bastante com água e areia do rio;

— Procure enxaguar pratos e panelas despejando o resíduo e a água suja na terra, a uma distância mínima de três metros da água.

9. PUREZA DA ÁGUAS

— Faça tudo que estiver a seu alcance para proteger as nascentes e cursos d'água da contaminação;

— Ferva, filtre ou trate quimicamente a água de beber ou de preparar alimentos, toda vez que você tiver alguma suspeita quanto à sua pureza.

10. FOGO

— De preferência, não faça fogueiras. Acendendo uma, mantenha-a pequena e cercada para que fagulhas não alcancem a vegetação ao redor, principalmente se ela estiver ressecada;

— Deixe o machado em casa: use somente lenha caída; nunca corte madeira para fazer fogueiras;

— Certifique-se de que as cinzas foram totalmente apagadas e enterradas;

— Aprecie a experiência de uma noite sem fogueira.

11. FUMO

— Evite fumar quando estiver na Natureza;

— Fume somente quando for seguro: em volta da fogueira ou em áreas limpas;

— Não jogue a brasa no chão;

— Jogue as cinzas no lixo ou enterre-as;

— Traga de volta todas as pontas.

12. *MOUNTAIN BIKES*

— Respeite os regulamentos locais; use bicicletas somente em estradas ou trilhas designadas para esse fim. Evite trilhas de caminhantes;

— Observe uma velocidade segura: lembre-se que após a curva pode haver um pedestre;

— Reduza ao mínimo seu impacto sobre o terreno. Nunca pedale fora das trilhas nem use atalhos, que podem provocar erosão.

13. IMPACTO SOBRE OUTROS MONTANHISTAS

— Mantenha grupos pequenos;

— Fale em tom natural; evite jogos ruidosos e música alta; os outros podem estar em busca de silêncio; poluição sonora também é poluição;

— Deixe animais de estimação em casa.

14. ENVOLVA-SE

— Filie-se a clubes e a organizações de preservação;

— Seja um excursionista consciente! Repetimos que frequentadores da Natureza têm uma responsabilidade maior pela preservação ambiental.

MATERIAIS BÁSICOS PARA CAMINHADAS

— Mochila de tamanho suficiente para seus pertences;

— Saco de dormir;

— Plástico grosso para forrar o chão;

— Saco plástico para lixo (capacidade de 20 litros);

— Casaco de *nylon* tipo Anorak;

— Manteiga de cacau para os lábios (regiões frias);

— Agasalhos, toucas, luvas e meiões;

— Objetos de higiene pessoal (inclusive papel higiênico);

— Sunga de banho, maiô, biquini e toalha;

— Lanterna de mão com jogo de pilhas reserva;

— Cantil;

— Óculos escuros, chapéu ou boné;

— Fogareiro portátil, panela pequena (para três pessoas) e talheres;

— Estojo de primeiros socorros (um para todo o grupo) e repelente;

— Cordinha de *nylon*, fósforo, máquina fotográfica e filme(s);

— Tênis ou calçado de caminhada já usado anteriormente;

— Uma muda de roupas limpas e fechadas em saco plástico;

— Mapas, bússolas, bloco e lápis.

ALIMENTAÇÃO

— Sopas e alimentos desidratados (nutrimental);

— Pão de forma integral (de preferência não fatiado);

— Queijo em barra ou fatiado (consistência dura);

— Mate ou bebidas instantâneas, chá preto em bolsinhas;

— Passas ou frutas secas (ameixa, damasco);

— Frutas de consistência dura (laranja, maçã, goiaba dura);

— Chocolates, castanhas, amendoins, biscoitos empacotados;

— Bolinhos de arroz integral; pasta de missô;

— Carne seca ou salame (carnívoros).

Obs.: *Evite levar enlatados, bebidas alcoólicas, leite em caixa, ovos ou perecíveis.*

Parte III

Estrutura e Elaboração

CAPÍTULO 1

DIFERENÇAS ENTRE BRINCADEIRAS E JOGOS

Dentre as diversas discussões sobre terminologia, uma delas é sobre a diferença entre brincadeira e jogo. Vamos, portanto, estabelecer algumas características de um e de outro para podermos padronizar essa nomenclatura.

Toda atividade recreativa, qualquer que seja, sempre será ou uma brincadeira ou um jogo, não fugindo a isso. Veja as diferenças entre brincadeira e jogo na Tabela 1.

Os jogos, por sua vez, podem ser divididos em pequenos jogos e grandes jogos. Veja as diferenças entre pequeno jogo e grande jogo na Tabela 2.

A importância de se fixar essa diferenciação é que de acordo com a faixa etária que estivermos pretendendo animar, poderemos escolher que tipo de atividade empregar, pois de acordo com suas características, é notório que as brincadeiras atingem faixas etárias mais baixas, enquanto pequenos jogos atingem faixas etárias intermediárias, e os grandes jogos são mais propícios às faixas etárias mais elevadas.

Tabela 1. Diferenças entre brincadeira e jogo

BRINCADEIRA	JOGO
Vencedor: É a principal e fundamental diferença. Não há como se vencer uma brincadeira. Ela simplesmente acontece e segue se desenvolvendo enquanto houver motivação e interesse por ela.	**Vencedor:** Se uma atividade recreativa permite alcançar vitória, ou seja, pode haver um vencedor, estamos tratando de um jogo. O jogo busca um vencedor.
Formalidade: As brincadeiras nem sempre apresentam evolução regular. Nem sempre há maneiras formais de proceder seu desenvolvimento, como podemos observar nos itens abaixo:	**Formalidade:** Todo jogo apresenta uma evolução regular; ele tem começo, meio e fim. Consequentemente, existem maneiras formais de se proceder, como podemos observar nos itens abaixo:
• **Regras:** As brincadeiras são mais livres, podem ter regras, mas podem também não ter. As brincadeiras sem regras são individuais. O grupo, só por existir, já sugere regras.	• **Regras:** O jogo sempre terá regras. Não existe jogo sem pelo menos uma regra que seja.
• **Final:** A brincadeira não tem final predeterminado; como já dissemos, ela prossegue enquanto tiver motivação e interesse por parte dos participantes. Talvez uma brincadeira termine, também, por ocorrência de fatores externos à ela, como o término do tempo livre disponível, ou a chuva, etc.	• **Final:** O jogo sempre tem seu final previsto, quer seja por pontos, por tempo, por número de repetições ou por tarefas cumpridas.
• **Ápice:** As brincadeiras podem ter um ponto alto a ser atingido, mas muitas vezes não têm.	• **Ápice:** O jogo sempre terá um ponto alto a ser atingido, como por exemplo marcar o ponto ou cumprir uma tarefa.
• **Modificações:** A brincadeira pode sofrer modificações durante seu desenrolar, de acordo com os interesses do momento e com a vontade dos participantes.	• **Modificações:** Se pretendemos fazer uma modificação em um jogo, devemos interrompê-lo, inserir a modificação como nova regra, e depois reiniciá-lo.
• **Consequências:** As brincadeiras, por serem muito mais desvinculadas de padrões, têm consequências imprevisíveis.	• **Consequencias:** Podemos tentar prever algumas consequências dos jogos.

Tabela 2. Diferenças entre pequeno jogo e grande jogo

PEQUENO JOGO	JOGO
Regras: Nos pequenos jogos, as regras são cobradas de forma mais flexível, são mais simples e em menor quantidade.	**Regras:** Nos grandes jogos, todas as regras são cobradas de forma totalmente rígida, são mais complexas e em maior quantidade.
Atuação do profissional: Nos pequenos jogos, o recreacionista atua apenas como um orientador.	**Atuação do profissional:** Nos grandes jogos, o recreacionista cobra as regras como um árbitro.

    O próprio recreacionista pode utilizar uma mesma atividade em forma de brincadeira, ou pequeno jogo ou grande jogo, adaptando-a ao público a ser atingido. Para transformar uma brincadeira em jogo, um pequeno jogo em grande jogo ou vice-versa, basta utilizar as regras de acordo com as características da atividade.

CAPÍTULO 2

ADEQUAÇÃO DAS ATIVIDADES LÚDICAS ÀS DIVERSAS FAIXAS ETÁRIAS

Não acreditamos que existam atividades específicas para determinadas faixas etárias. Qualquer atividade pode ser adaptada a qualquer faixa etária, sempre respeitando-se as características das idades. Assim sendo, vamos desenvolver um estudo sobre características e comportamentos de cada faixa etária, adequando atividades a cada uma delas.

APROXIMADAMENTE 0 a 2 ANOS

Características:

— Egocentrismo;

— Descoberta: Tato, movimento, formas, pesos, texturas, reproduzir sons, engatinhar, andar;

— Coordenação Motora: Abrir, fechar, empilhar, encaixar, puxar, empurrar, comunicação.

Tipos de atividades adequadas:

— Brincadeiras referentes à educação sensório-motora (sentir/executar);

— Exploração, canto, perguntas e respostas, esconder.

APROXIMADAMENTE 2 a 4 ANOS

Características:

— Continuam as características anteriores;

— Fantasia e Invenção;

— Criatividade.

Tipos de atividades adequadas:

— Brincadeiras sem regras;

— Brincadeiras com poucas regras simples;

— Utilização das formas básicas de movimento (andar, correr, saltar, rolar etc.);

— Estimulação;

— Representação (imitações de situações conhecidas: escolinha, casinha).

APROXIMADAMENTE 4 a 6 ANOS

Características:

— Muita movimentação;

— Começa a aceitar regras e a compreendê-las;

— Maior atenção e concentração;

— Interesse por números, letras, palavras e seus significados;

— O grupo começa a ter importância.

Tipos de atividades adequadas:

— Brincadeiras com ou sem regras;

— Atividades de muita movimentação;

— Representação.

APROXIMADAMENTE 6 a 8 ANOS

Características:

— Muita movimentação;

— Boa discriminação visual e auditiva;

— Atenção e memória;

— Aceita regras;

— Convive bem em grupo;

— Começa a definir seus próprios interesses;

— Despertar natural da competitividade.

Tipos de atividades adequadas:

— Brincadeiras;

— Alguns pequenos jogos;

— Atividades em equipes;

— Desafios (com os outros e consigo mesmo);

— Atividades de muita movimentação.

APROXIMADAMENTE 8 a 10 ANOS

Características:

— O grupo é cada vez mais importante;

— Memória plenamente desenvolvida;

— Raciocínio concreto e aquisição do raciocínio abstrato;

— Capacidade de reflexão (medir consequências).

Tipos de atividades adequadas:

— Brincadeiras;

— Pequenos jogos;

— Atividades em equipes;

— Atividades que envolvam estratégias;

— Atividades de raciocínio;

— Atividades de desafio.

APROXIMADAMENTE 10 a 12 ANOS

Características:

— Separação dos sexos;

— Compreensão da sexualidade;

— Início das diferenças de habilidades motoras entre os sexos;

— Início das diferenças de maturidade (meninas na pré-puberdade e meninos mais infantis);

— Isolam-se em pequenos grupos ("panelinhas").

Tipos de atividades adequadas:

— Menor interesse pelas brincadeiras;

— Pequenos jogos em potencial;

— Grandes jogos simplificados;

— Atividades de integração social (aproximação);

— Atividades que estimulem coeducação;

— Atividades em equipes.

APROXIMADAMENTE 12 a 14 ANOS

Características:

— Revalorização do sexo oposto;

— Supervalorização da competição;

— Grande discrepância de habilidades e de maturidade entre os sexos;

— Necessidade de autoafirmação;

— Falta de percepção dos limites sociais;

— Grandes conflitos de personalidade;

— São altamente influenciáveis.

Tipos de atividades adequadas:

— Desvalorização das brincadeiras;

— Pequenos jogos em pequena escala;

— Grandes jogos em potencial.

APROXIMADAMENTE 14 a 18 ANOS

Características:

— Identificação plena com o sexo oposto;

— Grande diferença de habilidade entre os sexos;

— Aceitação e discussão das diferenças de habilidades entre os sexos;

— Ainda apresenta necessidade de autoafirmação;

— Começa a supervalorizar a estética;

— Desprezo pela atividade motora (idade da preguiça);

— Visão da atividade lúdica não só como atividade física;

— Valorização das atividades sociais e culturais.

Tipos de atividades adequadas:

— Esporte propriamente dito;

— Gincanas de múltiplas dificuldades;

— Grandes jogos com grande complexidade de regras;

— Atividades junto à Natureza;

— Modismos;

- Cinema, teatro, *shows*, dança;
- Festas, reuniões, bate-papo;
- Passeios e viagens.

ADULTOS

Características:

- Revalorização da atividade física;
- Valorização da atividade lúdica;
- Aceitação do sexo oposto na atividade lúdica;
- Supervalorização da estética (em maior intensidade);
- Visão da atividade lúdica não só como atividade física;
- Preferência pela atividade lúdica em grupo;
- Dificuldade de se expor, por medo do ridículo;
- Dificuldade para se aproximar de outros indivíduos para a atividade lúdica;
- Aceita a derrota e a vitória (com exceções).

Tipos de atividades adequadas:

- Esporte propriamente dito;
- Atividades em grupo;
- Grande enfoque aos jogos de salão e de mesa;
- Jogos de sorte e azar: apostas;
- Modismos;
- Cinema, teatro, *shows*, dança;
- Festas, reuniões, bate-papo;
- Gincanas;
- Atividades culturais;
- Passeios e viagens;

— Flanar, vagar, contemplar, "nada-fazer".

TERCEIRA IDADE

Características:

— Necessidade de integração social (muitas vezes são discriminados);

— Necessita e valoriza a atividade em grupo;

— Necessita e valoriza a atividade física;

— Necessita e valoriza a atividade lúdica;

— Valoriza a atividade cultural;

— Dificuldade de aceitação dos erros e acertos das outras pessoas;

— Dificuldade de aceitação do novo;

— Não sente tanta dificuldade de se expor (permite-se mais);

— Consegue aceitar a derrota com naturalidade;

— Valoriza mais a participação que o resultado.

Tipos de atividades adequadas:

— Esportes (aceita adaptação das regras à sua faixa etária);

— Atividades artesanais e trabalhos manuais;

— Bricolagem;

— Jogos de salão em potencial;

— Jogos de mesa em potencial;

— Cinema, teatro, shows;

— Festas, dança, música;

— Atividades junto à Natureza;

— Excursões, viagens, passeios, piqueniques.

Por ser a terceira idade um segmento especial ao qual podemos dedicar atividades recreativas, faremos ainda algumas considerações quanto ao trabalho com essa faixa etária.

Deve-se levar em conta que não haja muita informação e que não seja muito complicada; evitar explicações muito longas ou duvidosas; não utilizar velocidade; prever problemas de equilíbrio; não chegar à fadiga; evitar permanecer em pé muito tempo; evitar mudanças rápidas de posição; evitar posições suspensas; evitar bloqueios respiratórios; evitar extensões musculares forçadas.

Deve-se procurar com a atividade recreativa, elevar e manter os níveis de saúde física e mental, fomentar a integração e participação; despertar alegria e prazer, realização de seus anseios e inquietudes; aumentar os desejos de viver, desfrutar a vida, apreciar o positivo; incorporar novas pautas e valores de convivência; ativar e melhorar a concentração; aumentar a capacidade pulmonar; aumentar e manter a mobilidade geral; aprender novas linguagens expressivas; boa adaptação cardíaca.

A atividade lúdica na terceira idade deve permitir, que a pessoa se expresse, se sinta livre, útil, gratificada em algum aspecto e possa resolver situações de forma "criativa", sentindo prazer pela atividade.

Portadores de necessidades especiais

Quando abordamos o tema "faixas etárias", não podemos deixar de comentar sobre portadores de necessidades especiais. Não pretendemos nos aprofundar muito nesse assunto, mas apenas ressaltar que, em se tratando de recreação, não devemos levar em consideração a idade cronológica do indivíduo, mas sim sua maturação biológica. Isto é, de acordo com as características que esse indivíduo apresenta, poderá ser inserido nos grupos de faixa etária com características semelhantes, independentemente de sua idade.

CAPÍTULO 3

ATIVIDADES LÚDICAS DE SOCIABILIZAÇÃO

Em um primeiro momento de reunião de um grupo, as pessoas estão distantes umas das outras, mesmo que em um local ou em uma situação que sugira divertimento. Em caso, principalmente, de adultos, esse momento tem que ser dominado e bem trabalhado pelo recreacionista, que irá utilizar-se de atividades com características de sociabilização para "quebrar o gelo" e promover um primeiro contato e a integração do grupo.

Essas atividades não são atividades exclusivas. O que queremos dizer com isso é que toda atividade recreativa pode ser adaptada para sociabilização, desde que cumpra com algumas exigências, que veremos a seguir. Algumas atitudes deverão estar implícitas nas regras de uma atividade de sociabilização, como:

OLHAR: As pessoas, durante a atividade, deverão ter momentos onde irão olhar para as outras, inclusive observando detalhes. Apesar de parecer uma atitude comum, algumas pessoas têm certa dificuldade em fazê-lo. Uma vez estimuladas pela própria atividade, isso viabilizará a integração.

FALAR: Uma atividade de sociabilização deve propiciar para que as pessoas falem umas com as outras, trocando algumas informações ou dizendo até mesmo pequenas frases decoradas. Melhor ainda se as regras estimularem os participantes a dizerem seus nomes, cognomes ou apelidos.

TOCAR: Pode ser uma atitude delicada, pois as pessoas muitas vezes têm uma relutância ao se sugerir que se toquem. Porém, esse toque pode ser sutil e rápido, como um aperto de mãos ou um toque de dedos. Se o grupo apresenta características favoráveis, esse toque pode passar a ser um abraço ou outra situação que exprima um maior contato físico. O toque ajuda muito a "quebrar o gelo" e desinibir os participantes.

TRABALHO EM GRUPO: É uma faca de dois gumes, pois os participantes de um mesmo grupo estarão se integrando fortemente, pela necessidade que têm uns dos outros. Porém, componentes de grupos diferentes não se sociabilizam, e até mesmo podem vir a se distanciar em caso de atividades competitivas. Portanto, sugerimos que o trabalho em grupo seja desenvolvido com todas as pessoas fazendo parte de um mesmo grupo, único e maior. Em caso de vários grupos, suprimir a competição em momentos de sociabilização.

Todas essas atitudes serão bem mais eficientes se acontecerem em situações divertidas ou até mesmo hilariantes. É muito mais descontraído dizer-se o apelido que o nome completo; outras adaptações também podem ser feitas em função do riso.

É importante salientar que essas atitudes não deverão ser impostas. Se colocadas como simples regras da atividade, os participantes não terão dificuldade em cumpri-las.

Lembre-se ainda que para "quebrar o gelo" **basta ou bastam** uma ou duas atividades; não é necessário utilizarmos várias atividades de sociabilização seguidas.

CAPÍTULO 4

AS GINCANAS

De todas as atividades recreativas, as gincanas são vistas pelos participantes como uma das mais empolgantes e atrativas. Em função disto, o trabalho do recreador se torna bastante prazeroso e criativo.

Gincanas são atividades com caráter lúdico predominante e onde há sempre a busca da vitória. Assim, são consideradas um tipo de jogo. Portanto, como todo jogo, possuem algumas características:

— Podem ser atividades físicas e/ou mentais;

— Seu final é sempre previsto;

— Sempre têm regras (simples ou complexas).

Por outro lado, diferenciam-se de outros jogos quaisquer pelas suas características específicas:

Por serem atividades extremamente motivantes, as gincanas potencializam a competitividade; sendo assim é preferível aplicá-las com características de grandes jogos. Suas regras devem ser expostas de forma clara e objetiva. Recomenda-se sempre elaborar um regulamento geral, seja ele simples ou complexo, mas que facilite o entendimento e a cobrança dessas regras. Por isso se faz necessário definir a forma de divulgação dos regulamentos, que pode ser verbal em caso de gincanas menores e mais simples, através de cartazes em caso de gincanas de médio porte ou por meio de apostila impressa e entregue diretamente às mãos dos representantes de equipes mediante assinatura de um termo de confirmação de recebimento da mesma em caso de gincanas de grande porte.

— Têm sequência de várias tarefas ou provas interligadas (normalmente com pontos acumulativos);

— Nelas são levadas em conta não só a habilidade como também a rapidez com que os participantes cumprem as tarefas predeterminadas.

Além de busca de diversão, do lúdico, os organizadores de uma gincana podem ter alguns outros objetivos com ela, como, por exemplo, objetivos educacionais, objetivos de integração dos participantes, objetivos de divulgar as entidades que promovem essa gincana, objetivos beneficentes e outros.

Uma das principais preocupações de um animador em uma gincana é não perder-se dos objetivos. Assim sendo, as gincanas devem ser plenamente controladas e dominadas pelo animador.

Para a melhor elaboração de uma **gincana**, siga os passos do capítulo 4 da parte I (Organização de um Programa Recreativo).

Os principais tipos de gincana existentes são:

GINCANA DE SOLICITAÇÕES: Também conhecida como "Quero-quero", é composta por tarefas em que o recreacionista pede coisas difíceis de serem obtidas e os participantes deverão trazer em um determinado prazo de tempo.

GINCANA CULTURAL: É aquela em que as tarefas constam de perguntas e respostas e outras atividades de conhecimentos gerais, que deverão ser decifradas ou respondidas pelos participantes, sempre dentro de um prazo de tempo determinado previamente. É uma gincana de caráter intelectual.

GINCANA MUSICAL: Não deixa de ser uma gincana cultural. As provas versarão sobre conhecimentos que os participantes deverão ter sobre música, instrumentos musicais, composições, cantores e intérpretes etc. A gincana musical pode se desenvolver com ou sem a utilização de equipamentos de som.

GINCANA DE HABILIDADES: São diversos os tipos de gincanas de habilidades, por isso subdividiremos este item em vários:

GINCANA DE SALÃO: suas tarefas são de habilidade física e situações hilariantes; apesar do nome, não se desenvolvem apenas em salões, mas também em outros espaços, como quadras esportivas, gramados, parques de estacionamento etc. Suas tarefas são paródias de situações corriqueiras, que acontecem de forma engraçada tanto para quem participa quanto para quem assiste;

GINCANA ESPORTIVA: as tarefas se baseiam em modalidades esportivas das mais variadas espécies;

GINCANA AQUÁTICA: as tarefas se desenvolvem dentro d'água, principalmente em piscinas;

GINCANA RÚSTICA: as tarefas se desenvolvem em contato direto com a Natureza, e as dificuldades são devidas a ela;

GINCANA DE CIRCUITO: é montado um circuito de tarefas de diferentes habilidades e cada grupo cumpre uma tarefa por vez, todos ao mesmo tempo. Ao fim de um determinado tempo, todos mudam de tarefa juntos e assim sucessivamente, até completarem todo o circuito.

Além destes mais comuns, existem outros tipos de gincanas, que podem ser criados a qualquer momento ou ainda as GINCANAS MISTAS, as quais juntam dois ou mais dos tipos anteriores.

As gincanas costumam ser promovidas por escolas, igrejas, clubes, rádios, coordenadorias de lazer, prefeituras, centros recreativos ou então integram as programações recreativas de hotéis, colônias de férias, acampamentos, acantonamentos etc.

De todas as atividades recreativas, provavelmente as gincanas são as que permitem adaptações com mais facilidade. Por sua diversidade de tipos, e grande motivação podemos elaborar gincanas em qualquer espaço e para qualquer faixa etária.

CAPÍTULO 5

MATROGINÁSTICA

O prefixo MATRO vem de "mater" que significa MÃE. A matroginástica consiste na prática do exercício físico em família, de uma forma lúdica e prazerosa.

Ela realça a importância e viabiliza a relação entre pais e filhos. A família é o primeiro e principal elemento da educação.

A Matroginástica nasceu da ideia da mãe trabalhar com a criança, porém o pai ou qualquer outro responsável por ela pode participar igualmente. De fato contam mais os laços de afetividade entre o adulto e a criança, do que os laços sanguíneos. Também serve para proporcionar maior comunicação entre pais e filhos, despertando o adulto para a prática do exercício físico.

Atualmente, utiliza-se a matroginástica até mesmo com grupos de faixa etária homogênea, apenas como forma de ginástica aeróbica recreativa.

Segundo Edson da Costa Vitor (Edinho Paraguassu), "a aeróbica recreativa é uma atividade física com predominância de exercícios aeróbicos utilizando movimentos naturais, simples e combinados, onde a música e a ludicidade são enfatizados".

Na matroginástica e na aeróbica recreativa, não é tão importante performance, mas sim participação.

Características das atividades de Matroginástica:

— Utilização de música;

— Atividades preponderantemente lúdicas;

— Inexistência da competição;

— Utilização do trabalho de formas básicas de movimento (andar, correr, saltar, rolar etc.);

— Desenvolvimento de trabalho de imitação, cooperação, interação e expressão.

Para enriquecer ainda mais uma sessão de matroginástica, utilizamos elementos como bolas, cordas, bastões, bexigas, jornal etc.

O tempo ideal para realização de uma sessão de matroginástica varia entre 35 e 70 minutos.

Toda sessão de matroginástica costuma ser dividida em três partes:

PARTE INICIAL: Aquecimento, com música contagiante. Preparar fisiologicamente. Satisfazer a necessidade de movimento do grupo com entusiasmo e de forma alegre. Tarefas com movimentações. Percepções do espaço, observando direções, posições etc. Percepção do tempo, dos ritmos rápidos, lentos e moderados. Organização individual ou só na família. Duração de 30% do tempo.

PARTE PRINCIPAL: Mais dinâmica. Movimentação mais intensa. Tarefas de formação corporal, domínio do corpo. Desenvolvimento das capacidades físicas e habilidades motoras. Organização em duplas, só na família ou entre famílias. Duração de 50% do tempo.

PARTE FINAL: Volta à calma. Atividades de integração e emotivas. Canto em grupo, rodas cantadas. Brincadeiras historiadas. Desenvolvimento do sentido rítmico e capacidade expressiva do corpo e do grupo. Organização em pequenos e grandes grupos, na família ou entre famílias, grande roda com participação de todos num só grupo. Duração de 20% do tempo.

Para a melhor elaboração de um **evento de matroginástica**, siga os passos do capítulo 4 da parte I (Organização de um Programa Recreativo).

CAPÍTULO 6

ATIVIDADES LÚDICAS PARA DIAS DE CHUVA

Devido à dificuldade de se prever as condições do tempo, torna-se de grande importância a preocupação do recreacionista com uma programação alternativa para dias de chuva.

Essa programação deve ser feita previamente, com o intuito de não se perder tempo quando da execução das atividades, uma vez que a chuva pode começar repentinamente. Com isso, a chuva não pode ser considerada um imprevisto, ela passa a "fazer parte" da programação. Lembre-se que programar com antecedência significa ter todas as atividades e materiais prontos e separados.

A chuva implica na troca de espaços ao ar livre e maiores por espaços fechados e menores. Em consequência dessa diminuição do espaço, as atividades serão de pouca ou nenhuma movimentação.

Outro fator importante é a motivação. A chuva por vezes causa "desânimo" aos participantes, principalmente quando não estão interados sobre as atividades alternativas. Por isso, é função do recreacionista "não deixar a peteca cair", manter o ritmo da atividade motivante, sem deixar o clima interferir.

Tipos de atividades mais propícios para caso de chuva:

— Artes plásticas;

— Gincanas de salão, culturais e musicais;

— Bingo;

— Trabalhos manuais, confecção de pipas, aproveitamento de sucata;

— Torneios de jogos de mesa em geral;

— Representação, teatralização, dramatização, improvisação;

— Rodas e brincadeiras cantadas;

— Jogos e brincadeiras de pouco deslocamento e pouca movimentação.

CAPÍTULO 7

RODAS E BRINCADEIRAS CANTADAS

Rodas e brincadeiras cantadas, por mais estudos que se tenha feito quanto às diferenças, hoje são sinônimos, independente de posicionamento, participação e execução.

São atividades em que os próprios participantes cantam, sem a necessidade de acompanhamento de instrumentos musicais ou equipamentos eletrônicos, e nas quais existem brincadeiras que dependem da música. Essas brincadeiras são feitas com a própria melodia ou com a letra da música, ou ainda com gestos e movimentações divertidas. Vale ressaltar que se não houver a música, a brincadeira não tem sentido.

Quando nenhuma atividade recreativa parece caber em determinado momento, a música ainda é de grande utilidade.

Não existe ocasião específica para o desenvolvimento de uma brincadeira cantada. Ela pode ser utilizada a qualquer momento em uma programação recreativa.

As rodas cantadas atraem não apenas as crianças, porém todas as faixas etárias, dependendo sempre do enfoque que o recreacionista dá a elas.

As rodas e brincadeiras cantadas podem ainda ajudar no desenvolvimento da sociabilização, aprendizagem motora (ritmo, coordenação) e desenvolvimento de percepções (observação, atenção).

O procedimento ao se ensinar uma roda ou brincadeira cantada a um grupo deve ser o seguinte: primeiramente, cantar toda a canção para que os participantes sintam-se motivados a aprendê-la; em seguida, cantar juntamente com os participantes verso por verso, repetindo quantas vezes forem necessárias, até que todos tenham aprendido a melodia e o ritmo; não bater palmas enquanto estiver ensinando, pois o som das palmas atrapalha o entendimento da pronúncia das palavras; após terem aprendido a canção, só então acoplar os gestos e as movimentações pouco a pouco, até que todos tenham incorporado toda a mensagem.

Os principais tipos de rodas cantadas são:

INTEGRAÇÃO: A própria brincadeira viabiliza a integração do grupo;

ACÚMULO DE MOVIMENTAÇÃO: Os gestos e os movimentos, no decorrer da brincadeira, vão aumentando e tornando-se mais complexos;

REUNIÃO DA TURMA: A própria música sugere que as pessoas se agrupem;

CÂNONES: Divide-se a turma em grupos menores e cada grupo canta com uma certa defasagem de tempo em relação ao grupo anterior;

DIDÁTICAS: A letra da canção ensina alguma coisa para os participantes;

LETRAS COM GESTOS: Os gestos feitos durante a brincadeira traduzem exatamente o que a letra da canção está dizendo. Assim, os gestos ajudam a lembrar a letra e vice-versa;

OMISSÃO DE PALAVRAS: Aos poucos vão-se retirando palavras da música e substituindo-as por sons, por gestos ou simplesmente omitindo-as;

COORDENAÇÃO DE GESTOS: Os gestos feitos durante a brincadeira são difíceis, exigindo bastante da coordenação motora;

COORDENAÇÃO DE PALAVRAS: As palavras ditas e cantadas são de difícil pronúncia quando colocadas juntas;

REPETIÇÃO: São as mais fáceis de se ensinar, pois o recreacionista canta e os participantes apenas repetem os versos, que são engraçados.

Existem ainda outros tipos, criados a todo momento, inclusive derivados da junção dos aqui citados.

As atividades que descrevemos a seguir podem ser utilizadas como brincadeiras, pequenos jogos, ou grandes jogos, adaptando-se as regras de acordo com as necessidades do grupo.

Acreditamos, ainda, que toda atividade pode ser utilizada para várias faixas etárias, dependendo somente da forma como é aproveitada pelo recreacionista.

O material a ser utilizado pode ser improvisado, pois sabemos que nem sempre temos materiais específicos disponíveis no local onde estamos trabalhando.

O recreacionista, com criatividade, poderá tirar destas atividades que estamos citando, muitas outras. Basta apenas modificar detalhes e adaptá-las às circunstâncias em que se encontra.

Parte IV

Atividades Práticas

As atividades que descrevemos a seguir podem ser utilizadas como brincadeiras, pequenos jogos, ou grandes jogos, adaptando-se as regras de acordo com as necessidades do grupo.

Acreditamos, ainda, que toda atividade pode ser utilizada para várias faixas etárias, dependendo somente da forma como é aproveitada pelo recreacionista.

O material a ser utilizado pode ser improvisado, pois sabemos que nem sempre temos materiais específicos disponíveis no local onde estamos trabalhando.

O recreacionista, com criatividade, poderá tirar destas atividades que estamos citando, muitas outras. Basta apenas modificar detalhes e adaptá-las às circunstâncias em que se encontra.

CAPÍTULO 1

ATIVIDADES PARA GRANDES ESPAÇOS LIVRES

1. Aracatu
2. Bocão
3. Caça ao corrupto
4. Caça ao fantasma
5. Caça ao tesouro
6. Caça aos pássaros
7. Cristal encantado
8. Enigma
9. Feira
10. O último dos moicanos
11. *Office-boy*
12. Passaporte
13. Pique-bandeira
14. Primeiros socorros
15. Resgate das múmias
16. Vírus

1. Aracatu

Em chão de areia, risca-se um corredor de aproximadamente um metro de largura por três metros de comprimento, o qual termina com uma de suas extremidades em forma de funil. Na cabeceira do funil, cavam-se pequenos orifícios, do tamanho de uma bola de tênis, os quais terão pontuação variada, de acordo com a dificuldade. A delimitação do campo, na cabeceira do funil, deverá ser feita com uma pequena parede de areia inclinada, para servir de anteparo para que a bola possa bater e voltar.

Os jogadores, um por vez, arremessarão uma bola de tênis rasteiramente por dentro do corredor, tentando embocá-la em algum dos orifícios.

Cada acerto valerá o número de pontos correspondente àquele orifício. Vencerá quem acumular maior número de pontos, conforme acerto prévio entre os jogadores.

O melhor local para desenvolvimento desta atividade é a praia.

2. Bocão

Vários recreacionistas estarão espalhados e escondidos por todo o espaço disponível, cada um portando um pote de tinta não tóxica, própria para pele. Cada recreacionista deverá portar uma cor diferente.

Haverá ainda outro recreacionista usando batom de cor forte, também oculto entre os outros. Este é o "Bocão".

Um último recreacionista, o orientador dos participantes, dará início à atividade após explicá-la e os participantes individualmente deverão encontrar os recreacionistas escondidos e obter deles uma marca de tinta em seu rosto. Enquanto isso, o bocão perseguirá os participantes, tentando beijá-los em cima das marcas já feitas. O participante que for pego pelo bocão terá que limpar as marcas e recomeçar tudo novamente.

Vencerá o participante que primeiro se apresentar ao orientador com todas as marcas de todas as cores e sem o beijo do bocão.

Para tornar a atividade mais divertida e hilariante, os recreacionistas poderão estar vestidos e caracterizados de forma engraçada, inclusive sendo o bocão um homem vestido de mulher.

Pode-se ainda aumentar ou diminuir o número de recreacionistas escondidos e o número de bocões, de acordo com as necessidades do momento.

Esta atividade dá margem para criação de muitas outras no mesmo estilo, variando-se o material e a forma de proceder os detalhes, como, por exemplo, com os recreacionistas sendo índios e o bocão um canibal, ou qualquer outra coisa que se queira.

3. Caça ao corrupto

Vários recreacionistas, os "corruptos" estarão espalhados e escondidos por todo o espaço disponível, portando dinheiro de brinquedo ou qualquer coisa que o substitua, porém com valores definidos.

Um outro recreacionista, o "Policial Federal", será o orientador da atividade e dará início a ela, depois de explicá-la aos participantes. Ele também terá consigo dinheiro de brinquedo ou coisa que o valha, com valores definidos.

Os participantes estarão divididos em pequenos grupos e o Policial Federal oferecerá uma recompensa estipulada pela captura dos corruptos.

Os participantes sairão à procura dos corruptos. Ao serem encontrados, os corruptos oferecerão certa quantia de dinheiro para que o grupo não os entregue às autoridades. Se aceitarem, os participantes levarão o dinheiro e liberarão o corrupto, que poderá mudar seu esconderijo sempre que quiser. O grupo partirá à procura de outros corruptos. Se não aceitarem o suborno, o grupo o entregará ao Policial Federal, que pagará a recompensa. Esse corrupto estará fora, não podendo mais ser pego. O grupo continuará na busca de outros corruptos.

Quando um corrupto não tiver mais dinheiro, fatalmente será capturado e entregue. Toda vez que o grupo decidir entregá-lo, em qualquer circunstância, ele não deverá oferecer resistência à prisão.

O jogo termina quando todos os corruptos forem capturados, com ou sem dinheiro, ou ainda por tempo estipulado.

Vencerá o grupo que conseguir a maior soma de dinheiro, PORÉM os participantes NÃO deverão saber antecipadamente, que o dinheiro pago pelo corrupto foi marcado de forma diferente e é FALSO. Só será considerado na soma das quantias o dinheiro verdadeiro. Na verdade, vencerá o grupo que tiver a maior soma de dinheiro VERDADEIRO, adquirido pela entrega do corrupto ao Policial Federal.

A atividade ficará mais interessante se os recreacionistas se vestirem e se comportarem a caráter durante seu desenvolvimento.

4. Caça ao fantasma

Vários recreacionistas, em número ímpar no total, estarão vestidos e caracterizados de "Fantasmas", espalhados e escondidos por todo o espaço disponível. Haverá um outro recreacionista, o orientador, que explicará e dará início à atividade.

Os participantes estarão divididos em dois grupos adversários e deverão encontrar e capturar os fantasmas, que depois de encontrados poderão fugir se quiserem. Os participantes irão persegui-los até cercá-los.

Se o fantasma conseguir fugir do grupo, poderá se esconder novamente, mudando ou não o esconderijo em que se encontrava antes. O fantasma efetivamente capturado passará a ser de propriedade do grupo e irá continuar a atividade andando junto com os participantes.

Vencerá a equipe que capturar o maior número de fantasmas.

Os fantasmas poderão ser substituídos por bruxas, bichos, índios, fadas, vaga-lumes, ou qualquer outra coisa, desde que sempre muito bem caracterizados.

5. Caça ao tesouro

Os participantes estarão divididos em grupos. Cada grupo receberá uma primeira pista que conterá uma charada.

Essa charada indicará o próximo local onde estará oculta a próxima pista. Depois de decifrada a primeira charada, os participantes irão em busca da segunda e, decifrando-a, irão em busca da próxima e assim sucessivamente, até que a última charada levará ao local do tesouro. O tesouro, por sua vez, também deverá estar escondido nos parâmetros do local indicado pelas pistas.

O vencedor será o grupo que encontrar o tesouro e o prêmio será o próprio tesouro, que poderá ser formado por balas, bombons, pequenos brindes etc.

Sempre que possível, será interessante que um recreacionista acompanhe cada grupo para orientá-lo e supervisioná-lo, inclusive não deixando que os participantes danifiquem as pistas que não são de seu grupo.

6. Caça aos pássaros

Vários recreacionistas estarão espalhados e escondidos por todo o espaço disponível, portando um apito ou coisa que o valha. Esses recreacionistas, os "pássaros", serão numerados e terão consigo vários pedaços de papel, cada um com o número que corresponde a esse recreacionista. O pássaro número 1 terá vários papéis com o número 1; o pássaro número 2 terá vários papéis com o número 2 e assim por diante.

Um outro recreacionista, o orientador, explicará e dará início à atividade. Os participantes divididos em pequenos grupos (duplas ou trios), deverão procurar os pássaros seguindo o som dos apitos que os mesmos estarão soando. Ao encontrar um deles, o grupo pedirá uma "senha" e receberá do recreacionista um papel com o número que a ele corresponder.

Depois disso, partirá em busca de outros pássaros que não tenha encontrado ainda.

Vencerá o grupo que primeiro encontrar todos os pássaros, recebendo deles todas as senhas de números diferentes, apresentando-as ao orientador.

Esta atividade permite inúmeras variações. Neste caso, os recreacionistas serão encontrados pelo sentido da audição dos participantes. Isso poderá ser substituído por estímulos visuais ou até mesmo olfativos, trocando-se os apitos por lanternas, velas ou essências aromáticas, mudando-se, também, o nome da atividade.

Para variar a atividade, pode-se exigir que os números sejam encontrados em ordem, só podendo receber a senha de número 2 se apresentar a de número 1 e assim por diante. Nessa sequência, podemos também inserir o "Gavião", que se encontrado pelos participantes, tomará todas as senhas já obtidas e eles deverão reiniciar tudo outra vez.

7. Cristal encantado

Esta atividade exige muito trabalho de representação por parte dos recreacionistas. Os participantes estarão reunidos num local qualquer, onde um dos recreacionistas entrará, já caracterizado, e contará uma linda e envolvente história, da qual ele próprio também é personagem.

Nessa história alguém corre perigo e só os próprios participantes poderão ajudá-lo, encontrando algo que aqui chamamos de "cristal encantado", para entregar ao personagem que corre perigo.

Para que os participantes possam encontrar o cristal encantado, a personagem narradora dá a eles algumas pistas, que seguidas à risca poderão ser de grande valia. A partir disso, os participantes sairão à procura do cristal encantado, mas pelo caminho encontrarão outras personagens do bem e do mal, que poderão ajudá-los ou atrapalhá-los na busca, tais como pistas verdadeiras e pistas falsas, ou a exigência de que cumpram pequenas tarefas para que possam prosseguir. Durante a busca, encontrar algumas outras personagens preestabelecidas pode ser condição imposta, para que só depois se chegue ao cristal encantado.

A atividade poderá ser desenvolvida sem competição, com todos os participantes envolvidos num esforço comum. Poderão também estar divididos em grupos, tentando encontrar o cristal encantado antes de seus adversários.

Nesta atividade será muito importante que os recreacionistas estejam bem caracterizados e representem seus papéis fielmente, pois os participantes se envolvem demais, sendo ela uma atividade até mesmo emotiva.

A atividade terminará quando os participantes encontrarem o cristal encantado e o entregarem ao personagem, salvando-o.

8. Enigma

Os recreacionistas deverão preparar previamente dois papéis de cores diferentes, por exemplo, uma cartolina azul e outra vermelha, uma para cada grupo participante.

Nessas cartolinas, deverão desenhar uma pirâmide, escrevendo também um nome para cada uma. Pronto isso, irão recortar cada uma das cartolinas em diversos pedaços, por exemplo dez, com cortes tortuosos, formando pedaços de um quebra-cabeças.

A seguir, colocarão dez papéis brancos com desenhos de pirâmides e nomes diferentes para cada uma delas, espalhados e afixados por todo o espaço disponível. Dentre eles, haverá um com o nome que estará também no papel colorido. Cada papel branco indicará que existe um pedaço do quebra-cabeças (cartolina colorida) escondido num raio de três metros dali.

As equipes sairão em busca dos papéis brancos. Todos os componentes da mesma equipe deverão andar juntos. Separar-se implica em desclassificação. Cada equipe será acompanhada por um recreacionista que será o fiscal e orientador daquele grupo.

Encontrando um papel branco, não deverão tocá-lo, mas sim procurar o pedaço do quebra-cabeças da cor do seu grupo. Encontrando-o, entregarão ao fiscal, sem abri-lo. Se encontrarem papel de outra cor, não deverão tocá-lo, pois é da outra equipe. Prosseguirão na procura de outro papel branco e repetirão toda a operação, até encontrarem as dez partes do quebra-cabeças de sua cor. Encontrando todas, voltarão a um ponto predeterminado e o fiscal lhes devolverá todos, para que montem o quebra-cabeças. Pronto o quebra-cabeças, desvendarão e descobrirão o nome da pirâmide que contém o enigma. Todos juntos deverão voltar até o papel branco dessa pirâmide e entregá-lo ao fiscal. No verso desse papel estarão diversas charadas, enigmas, testes de atenção e de raciocínio, que o grupo deverá resolver. Vencerá a equipe que primeiro resolver todas as charadas e entregar ao fiscal.

Para manter todo o grupo unido, eles poderão estar atados por um elástico grande e largo, preso aos seus punhos. Não utilizar barbante e nem corda inextensível, pois poderá ferir a pele.

9. Feira

Os recreacionistas estarão espalhados, mas não muito escondidos, por todo o espaço disponível. Cada recreacionista será um feirante e deverá ter consigo papéis ou objetos que simbolizem frutas, verduras ou outras coisas que se vende na feira. O preço inicial das mercadorias será unificado e fixado no início da atividade.

Os participantes estarão divididos em pequenos grupos ou até mesmo individualmente. Cada um receberá uma certa quantia estipulada de dinheiro de brinquedo.

Um outro recreacionista será o orientador da atividade, que explicará e dará início a ela.

Os participantes deverão encontrar os feirantes e tentar comprar a maior quantidade possível de mercadoria, utilizando o mínimo possível de dinheiro, economizando ao máximo. Valerá a criatividade do participante para convencer o feirante a lhe vender pelo menor preço. Assim os participantes deverão percorrer toda a feira e fazer os melhores negócios, pechinchando ao máximo.

A atividade terminará após expirar um tempo pré-determinado. Vencerá o grupo ou participante que tiver a maior quantidade de mercadoria aliada à maior quantia de dinheiro restante.

10. O último dos moicanos

Os recreacionistas prenderão pequenas tiras de papel crepom, colorido, nos punhos de todos os participantes. Essa tira representará a vida do participante. Os recreacionistas deverão contar o número exato de participantes.

Todo participante identificado com a fita, deverá se esconder por todo o espaço disponível. Dado o sinal de início, os recreacionistas irão procurar os participantes; encontrando algum deles, este poderá ainda tentar fugir. O recreacionista deverá persegui-lo. Capturando-o, o recreacionista deverá tirar a fita que representa a vida. O participante poderá tentar evitar que o recreacionista o faça. Retirada a fita, sem a vida, o participante deverá retornar ao local de início. Os recreacionistas prosseguirão procurando outros participantes.

A atividade terminará quando todos os participantes já tiverem sido pegos, ou ao final de um tempo predeterminado. O vencedor será o último a ter sido pego, ou os que não foram pegos após o vencimento do tempo.

11. **Office-boy**

Os recreacionistas estarão espalhados, porém não muito escondidos, por todo o espaço disponível. O local onde se encontrarem será identificado por uma placa à frente, em que estará escrito algum órgão ou estabelecimento comercial que faça parte do dia a dia de um *office-boy*, tais como banco, correio, prefeitura, fórum, telefônica etc.

Um outro recreacionista, o orientador, explicará e dará início à atividade, entregando a cada participante um papel com os nomes dos estabelecimentos que estarão envolvidos na atividade.

Os "*oficce-boys*" serão os próprios participantes, que deverão passar por todos os estabelecimentos na busca de assinaturas dos seus responsáveis, naquele papel que receberam no início. Para darem suas assinaturas, os recreacionistas poderão exigir dos *office-boys* alguma tarefa que deverá ser cumprida imediatamente.

Enquanto os *office-boys* procuram as assinaturas, outros recreacionistas serão os policiais que os perseguem e os fazem perder tempo. Os policiais poderão até tomar os papéis que estão com os *office-boys*, fazendo-os retornar ao orientador. Os policiais poderão ainda fazer os *office-boys* terem que cumprir tarefas.

Vencerá o primeiro *office-boy* que entregar ao orientador o papel com todas as assinaturas exigidas.

Esta atividade ficará muito mais interessante se os recreacionistas estiverem vestidos e se comportarem a caráter.

12. Passaporte

Os recreacionistas prepararão previamente um "passaporte", contendo indicações de todos os países que estarão envolvidos na atividade, além da alfândega e do posto de vacinação.

Cada passaporte apresentará os mesmos países, porém em ordem diferente.

Os recreacionistas estarão espalhados, porém não muito escondidos, por todo o espaço disponível, cada um representando um país, além de um que representará a alfândega e outro que representará o posto de vacinação.

Os participantes, que serão os turistas, estarão divididos em grupos e receberão um passaporte do recreacionista que será o orientador da atividade. Além do passaporte, receberão também certa quantia de dinheiro de brinquedo. Os grupos deverão encontrar os países na ordem em que se encontrarem relacionados no seu passaporte. Encontrando-os, deverão pedir ao recreacionista um "visto" de entrada, que terá um preço para ser "expedido". O dinheiro inicial que os turistas terão consigo não será suficiente para pagar todos os vistos. Portanto, eles deverão economizar ao máximo, tentando pagar menos pelo visto desejado. Os recreacionistas, por sua vez, podem baixar o preço exigindo que o grupo cumpra determinada tarefa. Quanto mais difícil for a tarefa, mais barato poderá ser o visto. É uma questão de se negociar com o turista. Se os turistas gastarem muito dinheiro no começo, não conseguirão pagar no final. O dinheiro poderá acabar. O preço inicial de cada visto será preestabelecido e unificado entre os recreacionistas, antes do início da atividade.

Um dos países, estabelecido previamente, será mais severo no serviço de imigração, e exigirá do turista que passe, antes, pela alfândega.

Esta por sua vez não cobrará nenhuma taxa, mas será muito mais difícil de ser encontrada, estando bem mais escondida. Depois de conseguirem o visto da alfândega, os turistas retornarão àquele país, que exigirá este visto para voltarem à negociação, quanto ao visto de entrada. Outro país previamente determinado estará preocupado com alguma doença epidêmica, e exigirá do turista um visto de vacinação. Esse visto será conseguido junto ao posto de vacinação, que também será representado por outro recreacionista, que procederá de maneira semelhante ao da alfândega.

Vencerá o grupo que primeiro apresentar ao orientador o passaporte com todos os vistos exigidos.

13. Pique-bandeira

O espaço disponível será dividido em duas metades aproximadamente iguais, separadas por uma linha imaginária.

Os participantes serão divididos em dois grupos e identificados através de fitas de papel crepom, coloridas, que serão presas em seus punhos, ou coisa que o valha. Cada equipe será identificada por uma cor, por exemplo, azul contra vermelho. A equipe de fita azul no punho terá uma bandeira azul e a equipe de fita vermelha no punho terá uma bandeira vermelha.

O recreacionista dará um determinado tempo para que cada equipe esconda sua bandeira em seu campo (sua metade do espaço); a bandeira não poderá estar totalmente oculta (pelo menos uma parte dela deverá estar à vista) e obrigatoriamente deverá estar fincada no chão (evitar lugares altos).

Feito isso, os participantes voltarão à linha divisória e o recreacionista dará o sinal de início. Os participantes invadirão o campo adversário, com o intuito de encontrar e roubar a bandeira do adversário, trazendo-a para seu próprio campo. Porém, todo jogador que se encontrar em seu próprio campo poderá impedir a ação do invasor, tirando-lhe a fita colorida do punho. A fita simbolizará a vida, isto é, sem ela o jogador não poderá fazer nada. Terá que retornar ao local onde se encontrar o recreacionista (ponto neutro) e repôr a fita de sua cor. Aí poderá voltar à disputa normalmente.

Cada vez que algum participante conseguir trazer a bandeira adversária para seu campo sem perder sua fita de identificação, ele fará um ponto para sua equipe. Nesse momento, as equipes terão tempo para esconderem novamente suas bandeiras em outro local e o jogo recomeçará. A atividade terminará por tempo ou por número de pontos predeterminados. Vencerá a equipe que somar maior número de pontos.

Esta atividade poderá ser adaptada para espaços menores, como, por exemplo, quadras esportivas. Neste caso, a bandeira ficará nas extremidades da quadra e os jogadores não precisarão procurá-la, apenas trazê-la para seu lado da quadra, numa disputa de velocidade. Também não serão necessárias as fitas no punho. Cada invasor que for tocado pelo adversário, ficará parado, imóvel, naquele mesmo local, até que alguém de sua própria equipe o toque, salvando-o ("duro-mole").

14. Primeiros socorros

Os recreacionistas estarão espalhados, porém não muito escondidos, por todo o espaço disponível. Eles serão os "acidentados". Cada um representará ter sofrido um pequeno acidente.

Um outro recreacionista, o orientador, explicará aos participantes o atendimento que se dá para cada acidente, como, por exemplo, picada de cobra, fratura, corte, queimadura. Isto feito, dará início à atividade.

Os participantes, divididos em duas equipes, deverão encontrar os acidentados, prestando-lhes o primeiro socorro. Se fizerem corretamente, terão o direito de trazê-lo até o orientador. Os participantes carregarão o acidentado, podendo para isso improvisar quaisquer artifícios.

Vencerá a equipe que socorrer o maior número de acidentados, desde que tenham prestado o primeiro socorro corretamente.

15. Resgate das múmias

Os recreacionistas estarão espalhados e escondidos por todo o espaço disponível. Eles serão as "múmias". Não deverão se mover, não ajudando nem atrapalhando os participantes.

Os participantes estarão divididos em equipes e cada equipe escolherá um esconderijo.

Um outro recreacionista, o orientador, explicará e dará início à atividade. Ao sinal, os participantes irão procurar as múmias. Encontrando alguma, deverão carregá-la até seu esconderijo. Os participantes deverão estar muito atentos, pois durante o percurso ou mesmo no esconderijo, os adversários poderão roubar suas múmias.

Quando todas as múmias já tiverem sido encontradas, o orientador dará um sinal e os participantes deverão levar todas as múmias do esconderijo até o "sarcófago", que será onde o orientador se encontrar. Nesse percurso, as múmias também podem ser roubadas pelos adversários.

Será vencedora a equipe que apresentar o maior número de múmias ao orientador.

Esta atividade ficará muito mais interessante se os recreacionistas se caracterizarem e o orientador contar uma história sobre como as múmias desapareceram ou foram roubadas antes de toda a atividade se iniciar.

16. Vírus

Os recreacionistas representarão os "vírus" e cada um terá um nome diferente, escolhidos com muito bom humor e criatividade.

Antes do início da atividade, os recreacionistas afixarão papéis contendo o nome de cada vírus e a forma como se deve proceder para matá-lo. A forma de matar o vírus consta de procedimentos que exigem que os participantes se aproximem, tais como fazer uma roda em torno dele, dizendo palavras hilariantes ou outras coisas desse tipo. O papel com o nome de cada vírus estará num local diferente.

Cada vírus trará consigo um pote de tinta não tóxica, própria para pele.

Dado o sinal de início, os participantes divididos em grupos, tentarão encontrar os papéis, para, em seguida, proceder a tentativa de matar o vírus. Os grupos não saberão o nome de cada vírus, portanto, não saberão qual é o vírus que morrerá com aquela forma de procedimento. Assim sendo, farão várias tentativas com vírus diferentes, contando com a sorte.

Enquanto isso, os vírus estarão andando por entre os participantes. Se conseguir alcançar algum, o vírus irá marcá-lo com tinta. O participante que for marcado três vezes será desclassificado e estará fora da atividade. É importante ressaltar que os participantes se deslocarão à vontade, porém os vírus só andarão, não poderão correr. Também será importante ressaltar que todo o grupo deverá permanecer junto, principalmente na hora de matar o vírus. Se os participantes acertarem a forma de matar aquele vírus, ele deverá desfalecer e estará fora, não mais oferecendo perigo.

Vencerá a equipe que matar o maior número de vírus.

A atividade ficará muito mais interessante se os recreacionistas utilizarem roupas e maquiagens extravagantes, para se fantasiarem de vírus.

CAPÍTULO 2

ATIVIDADES PARA QUADRAS, SALÕES E ESPAÇOS DE MÉDIO PORTE

1. Acorda Urso
2. 1, 2, 3
3. Base 4
4. Basquete do capitão
5. *Brain Storm*
6. Brincadeira dos pares
7. Carimbo
8. Casa, Inquilino e Terremoto
9. Cestinha
10. Chute na lata
11. Corredor
12. Detetive
13. Estrela
14. Evolução
15. *Floorball*
16. Formar letras com o corpo
17. *Fuji-Fuji*
18. Futebol de caranguejo
19. Galinha e pintinhos

20. Garrafabol
21. Handsabonete
22. Jam Kem Pô na selva
23. Mão-cabeça
24. Olha a bola
25. O quarteto maluco
26. O Segredo de Mustafá
27. Pack Man
28. Passa-arco
29. Pega-rabo
30. Queimada chinesa
31. Troca letras
32. Vinte passes
33. Vôlei cego
34. Vôlei de toalhas
35. Voleixiga
36. Jogos de estafeta
    — Estafeta da bexiga
    — Estafeta da bolacha
    — Estafeta de calçar o tênis
    — Estafeta de encher garrafas
    — Estafeta de girar no bastão
    — Estafeta da vela

1. Acorda Urso

Um recreacionista deverá deitar em uma extremidade de uma quadra e imitar um urso dormindo. Os participantes estarão espalhados em outra extremidade da quadra junto a um segundo recreacionista. Ao sinal de início, os participantes caminharão devagar em direção ao Urso pronunciando

"Acorda Urso", repetindo várias vezes, até chegar perto do Urso. Este por sua vez acordará repentinamente e correrá atrás dos participantes tentando pegá-los. Quem for pego pode passar a ser o Urso. A atividade continua enquanto houver motivação.

2. 1, 2, 3

Os participantes formarão duplas posicionando-se de frente um para o outro. Alternadamente contarão de um a três em voz alta. Quem falar "um" bate palmas; quem falar "dois" tira os calcanhares do chão, e quem falar "três" faz um movimento de bambolê.

3. Base 4

No espaço, serão colocados quatro arcos, dispostos num quadrado, distantes cerca de 20 metros um do outro. Serão as bases, numeradas de 1 a 4.

Os participantes serão divididos em duas equipes, uma será atacante e a outra defesa. Os jogadores da defesa se espalharão por onde quiserem dentro do espaço. Os atacantes virão um por vez à base de número 1. Ali receberão um bastão, que deverão segurar em suas mãos.

Do centro do quadrado, um recreacionista arremessará uma bola pequena, tipo bola de tênis em direção ao jogador que se encontrar na base 1.

O jogador tentará rebatê-la com o bastão, arremessando-a o mais longe possível. Não será permitido que a bola seja rebatida para trás do rebatedor. Ele terá três tentativas. Conseguindo rebater, soltará o bastão e correrá em direção à base 2, enquanto a equipe da defesa tentará recuperar a bola. A equipe da defesa, com a bola recuperada, tentará "queimar" o atacante, bastando para isso encostar a bola no atacante ou na base de número 1, enquanto o jogador do ataque estiver fora de alguma base. As bases servirão como "pique", ou seja, o jogador não será queimado se estiver em alguma das bases. Se for queimado, o atacante estará fora daquela jogada, retirando-se para as laterais do campo. Se conseguir chegar à base 2, tentará alcançar a base 3 e assim sucessivamente, até fechar todos os lados do quadrado. Caso o atacante fique parado em uma das bases intermediárias (para não ser queimado), outro atacante virá à base 1 e procederá da mesma forma. Se o próximo atacante rebater a bola, correrá tentando alcançar a próxima base, enquanto o companheiro anterior que se encontrava adiantado também poderá correr, tentando completar o seu quadrado. Cada atacante que conseguir completar o quadrado, sem ser queimado, fará um ponto para sua equipe. O jogo prosseguirá até que todos os componentes da equipe do ataque tenham tido sua vez de rebater a bola. Depois disso, trocam-se os papéis e os atacantes irão para a defesa, enquanto os defensores irão para o ataque e o jogo se reiniciará.

Quando as duas equipes já tiverem passado pelo ataque, completa-se uma rodada. O jogo poderá ter quantas rodadas os jogadores quiserem, desde que combinado anteriormente. Os pontos serão acumulados a cada rodada. Vencerá a equipe que fizer o maior número de pontos ao final de todas as rodadas preestabelecidas.

Pode-se variar esta atividade fazendo-se com que os participantes rebatam uma bola maior, chutando-a ou socando-a, eliminando o bastão, que dificultará o procedimento. Também podem-se atribuir pontos parciais para cada base alcançada.

4. Basquete do capitão

Simplificação do jogo de basquetebol, o basquete do capitão terá um representante de cada equipe na extremidade oposta da quadra, em cima de uma cadeira ou coisa que o valha. Ele é o Capitão e faz as vezes da cesta. Os participantes, divididos em dois times, tentarão entregar a bola para seu capitão, porém, antes, deverão fazer, no mínimo, três passes. A bola deverá chegar diretamente às mãos do capitão e ele deverá segurá-la e não apenas tocá-la, sem descer nem cair da cadeira. Cada vez que o time conseguir esse intento, fará um ponto, e o jogo se reiniciará com posse de bola do outro time.

A atividade poderá terminar por tempo ou por número de pontos, desde que estabelecido previamente.

Vencerá a equipe que tiver o maior número de pontos.

5. Brain storm

Os participantes deverão sentar de forma aleatória, alguns voluntários ficarão espalhados de pé com uma caneta e um papel. Ao comando do recreacionista os participantes deverão expressar palavras do seu cotidiano, que deverão ser anotadas pelos voluntários. Após rápida seleção as palavras deverão ser escolhidas de acordo com a ordem das vogais. Exemplo; *A*mor, F*e*licidade, V*i*da, F*o*rça e *U*nião.

Os participantes deverão formar grupos de acordo com a primeira vogal do seu nome. Já formado o recreacionista escolherá tarefas para estes grupos realizarem, após um tempo determinado, os grupos deverão apresentar para os demais a sua tarefa. Os grupos poderão fazer novas formações usando como critério a segunda vogal do seu nome, e assim quantas vezes o recreacionista achar necessário. A ideia é que sempre sejam apresentadas tarefas para o divertimento dos participantes.

6. Brincadeira dos pares

Os participantes formarão duplas e o recreacionista sugerirá partes do corpo que deverão ser unidas. A qualquer momento o recreacionista dirá a palavra "troca" e nesse instante os participantes deverão procurar outro parceiro para continuar a atividade.

7. Carimbo

Utiliza-se um quadrilátero, com limites bem definidos, de tamanho proporcional ao número de participantes.

É uma queimada individual, onde o jogador que estiver de posse da bola tentará queimar qualquer um de seus adversários. Para queimar, a bola deve encostar em qualquer parte do corpo da pessoa e em seguida cair no solo. Se o participante conseguir segurar a bola, evitando que caia, ele não estará queimado. A pessoa de posse da bola NÃO poderá andar com a mesma, enquanto os outros participantes poderão deslocar-se livremente, andando, correndo, saltando, rolando etc. A pessoa que for queimada deverá sentar-se no local onde isso acontecer; ela não será mais a vencedora, mas continuará participando, pois se a bola chegar a seu alcance, poderá queimar os participantes que ainda se encontrarem em pé. O jogador que estiver sentado não pode se deslocar para alcançar a bola. Mesmo que a pegue, o jogador já queimado permanecerá sentado até o fim dessa rodada, não podendo se levantar nem mesmo para arremessá-la.

Vence o último jogador que permanecer em pé, sem ter sido queimado.

Uma boa variação desta atividade será colocar maior número de bolas exigindo maior atenção dos participantes.

8. Casa, Inquilino e Terremoto

Os participantes deverão formar trios, nos quais dois estarão com os membros superiores elevados e entendidos, com os dedos das mãos entrelaçados, formando uma "casa" e um ficará "dentro" dessa casa. Um outro participante (ou o próprio recreacionista) estará sozinho do lado de fora tentando entrar na casa. A qualquer momento ele poderá gritar "inquilino" ou "casa" ou "terremoto". Se gritar "inquilino", os participantes que estão dentro da casa saem e procuram outra casa; o participante que está fora tentará ocupar uma dessas casas. Quem sobrar sem casa passa a comandar a atividade. Se gritar "casa", os dois que estão com as mãos entrelaçadas ("telhado") deverão se soltar e formar novas duplas; o inquilino não se mexe; o participante que está fora tentará formar uma das casas. Quem sobrar passa a ser quem comanda a atividade. Quando gritar "terremoto", todos irão se desfazer e formar novos trios. Quem sobrar passa a ser quem comanda a atividade. Observações: Quando o inquilino sai, não pode mais voltar para mesma casa, assim como quando grita "casa" a dupla não pode permanecer a mesma. A atividade continua enquanto houver motivação.

9. Cestinha

Simplificação do jogo de basquete; a cesta neste caso será móvel. Os participantes divididos em dois times tentarão acertar uma bola numa cestinha feita de pano (ou outro material que não se rasgue durante o jogo) que estará sendo carregada por um companheiro de equipe. Esse jogador se deslocará normalmente pelo meio dos outros, tentando facilitar o intento de seu time. Cada vez que a equipe conseguir acertar a bola na cestinha, fará um ponto.

O jogo terminará por tempo ou por número de pontos, desde que estabelecido previamente. Vencerá a equipe que fizer o maior número de pontos.

10. Chute na lata

É um dos jogos de esconder. Será marcado um local que servirá como "pique". Nesse local será colocada uma lata, como, por exemplo, uma lata de óleo vazia ou outra qualquer.

Haverá um dos participantes que será o pegador. Um outro participante chutará a lata e o pegador irá buscá-la, tendo que voltar de costas para o pique. Enquanto isso, todos os participantes irão se esconder. Depois de ter colocado a lata no pique, o pegador poderá voltar-se para o lado onde se esconderam os participantes e começar a procurá-los. Toda vez que o pegador encontrar um participante, ele voltará até o pique e o acusará, batendo a lata três vezes no chão. O participante pego deverá voltar até as proximidades da lata e esperar o desenvolvimento da atividade.

Um participante ainda não pego poderá, a qualquer momento, vir até a lata e chutá-la para longe. Acontecendo isto, o pegador terá que voltar até a lata e reiniciar a atividade, buscando a lata novamente e voltando de costas até colocá-la no pique, como no início.

Enquanto isso, todos os participantes que já haviam sido pegos, e mais aquele que chutou a lata terão oportunidade de se esconder novamente e prosseguir a atividade.

Depois de determinado tempo, o pegador poderá ser substituído, de acordo com a motivação. Também será substituído o pegador no caso dele ter conseguido pegar todos os participantes.

11. Corredor

Serão traçadas no chão duas linhas paralelas, determinando um corredor de aproximadamente 1 metro de largura por 10 a 15 metros de comprimento, de acordo com o espaço disponível e características dos participantes. Numa das extremidades estará uma linha de início do corredor, onde começará o jogo. Na outra extremidade, colocaremos um cone ou qualquer coisa que o valha, determinando a meta que deverá ser tocada.

Os participantes serão divididos em duas equipes, uma do ataque e outra da defesa. A equipe da defesa poderá se espalhar por onde quiser dentro do espaço delimitado, porém sempre fora do corredor. Os jogadores do ataque virão um de cada vez à linha de início, colocando-se de frente para o corredor.

O recreacionista colocar-se-á a aproximadamente 4 metros de distância do início do corredor, de frente para o jogador do ataque, sempre fora do corredor. Ele arremessará uma bola para o atacante que deverá rebatê-la com a(s) mão(s), jogando-a para frente de seu corpo, o mais longe possível. Depois de rebater, o atacante correrá por dentro do corredor, em direção ao cone. Deverá tocar o cone e voltar por dentro do corredor para a linha de início. Enquanto isso, a equipe da defesa procurará recuperar a bola e tentar "queimar" o jogador do ataque, bastando para isso que toque a bola no corpo do atacante, de qualquer maneira. O atacante que conseguir ir e voltar por dentro do corredor sem ser queimado, fará dois pontos para sua equipe. Caso seja queimado deverá ficar parado no local do corredor onde isso aconteceu. Então o próximo companheiro de ataque virá ao início do corredor e o recreacionista novamente arremessará a bola para este novo jogador, que procederá da mesma forma que o anterior. A diferença será que este novo jogador terá que tocar também em seu companheiro que já se encontra parado no corredor para que este possa ser salvo e continue seu percurso. Se o atacante for queimado na ida, ao ser salvo deverá continuar indo, até tocar no cone e voltar; se for queimado na volta, já tendo tocado o cone, basta voltar até a linha de início. O jogador que for queimado uma vez e depois de salvo conseguir terminar o percurso, fará somente um ponto para sua equipe. Se for queimado pela segunda vez, estará fora daquela rodada, não fazendo pontos e saindo do corredor. Existem casos em que o jogador seguinte é queimado antes de salvar o companheiro que está parado no corredor. Acontecendo isso, os dois permanecerão esperando o próximo, que poderá salvar todos que estiverem no corredor ao mesmo tempo. Os atacantes deverão sempre correr por dentro do corredor. Se eventualmente saírem, isso implicará em uma falta, que será penalizada com a queima do jogador no local onde saiu do corredor. Por sua vez, o defensor não poderá invadir o corredor em hipótese alguma. Se isso acontecer, também implicará em falta que deverá ser penalizada com a anulação dos atos desse defensor, ou seja, se ele queimar alguém, não valerá a queima; se ele pegar a bola, deverá devolvê-la etc. O jogo prosseguirá até que todos os componentes da equipe do ataque tenham tido sua vez de rebater a bola. Depois disso, trocam-se os papéis e os atacantes irão para a defesa, enquanto os defensores irão para o ataque, e o jogo se reiniciará.

    Quando as duas equipes já tiverem passado pelo ataque, completa-se uma rodada. O jogo poderá ter quantas rodadas os jogadores quiserem, desde que combinado anteriormente. Os pontos serão acumulados a cada rodada. Vencerá a equipe que fizer o maior número de pontos ao final de todas as rodadas preestabelecidas.

Pode-se variar a atividade fazendo-se com que os participantes rebatam a bola com o pé ou com um bastão em bola menor, tipo bola de tênis.

12. Detetive

Num espaço que tenha, de preferência (não obrigatoriamente), um palco, nem que seja improvisado, os participantes estarão sentados no local da plateia.

Os recreacionistas, devidamente caracterizados, vestidos e maquiados, representarão uma história de intriga e assassinato, em que todas as personagens demonstrarão interesse pela morte de uma delas. Em dado momento, as luzes apagar-se-ão e ao reacenderem-se a tal personagem aparecerá assassinada.

A plateia, previamente dividida em grupos, poderá examinar todos os detalhes deixados na cena do crime e interrogar livremente todas as personagens suspeitas. É importante que todas as personagens tenham álibis. Os participantes, a plateia, serão os detetives e terão um tempo determinado para entregarem por escrito a resposta do que aconteceu no crime, procurando desvendar e justificar QUEM matou, COMO matou (com que arma) e POR QUE.

É interessante ressalvar que as personagens, ao responderem aos interrogatórios, continuarão representando e deverão convencer os detetives daquilo que estarão dizendo. A plateia entrará no jogo de interpretação por serem os detetives.

Após a entrega das respostas, as personagens voltarão ao palco e representarão tudo o que aconteceu do momento em que as luzes se apagaram até o assassinato, desvendando assim o mistério.

Vencerá a equipe que mais se aproximar do que realmente aconteceu.

Esta atividade depende fundamentalmente das caracterizações e bom desempenho dos recreacionistas. Deve-se dar muita atenção aos detalhes, principalmente no que foi deixado na cena do crime, para que não haja nenhum tipo de desvio da ideia central. A atividade é trabalhosa para sua elaboração, porém de muito entusiasmo e motivação para os participantes, fazendo valer a pena todo o trabalho prévio.

13. Estrela

Os participantes formarão quatro colunas com números iguais de participantes, com os primeiros de cada coluna posicionados frente a frente, como uma estrela. Ao sinal do recreacionista o último de cada grupo sairá correndo no sentido horário passando atrás de todas as equipes até chegar novamente na sua equipe. Enquanto isso, os outros participantes deverão estar com os membros inferiores afastados para que o participante possa passar por baixo. Assim que este chegar na frente do grupo, o último dará nova saída. O jogo continua até que todos da equipe tenham feito o percurso. Vence a equipe que terminar primeiro.

14. Evolução

Deslocando-se livremente pelo espaço, os participantes iniciarão todos como "ameba", tentando evoluir para "sapo", depois "coelho", depois "macaco", depois "homem" e finalmente "super-homem". Para ser identificada, cada posição tem gestos e/ou sons característicos, tornando a atividade mais divertida. Ao encontrarem-se dois "semelhantes", ambos disputarão "par ou ímpar". Quem vence sobe uma posição na sequência da evolução e quem perde desce uma posição. Aqueles que conseguem chegar a "super-homem" destacam-se do grupo e juntam-se ao recreacionista na "sala de justiça". A atividade segue enquanto houver motivação.

15. Floorball

Adaptação do jogo de futebol. Tem como diferença o fato de que os jogadores conduzirão e "chutarão" a bola utilizando as mãos em vez dos pés. Outro detalhe é que a bola deverá estar sempre em contato com o solo. Caso seja levantada acidentalmente, deverá ser imediatamente recolocada no solo. É importante ressaltar que nunca será permitido que qualquer jogador toque a bola com as duas mãos ao mesmo tempo. Sempre uma mão só toca a bola por vez, em qualquer circunstância. Se a bola for levantada intencionalmente, será uma falta, que dará posse de bola à equipe adversária.

O intuito do jogo será acertar a bola entre as traves, fazendo o gol. Haverá um goleiro, que deverá jogar ajoelhado ou sentado, conforme interesse dos participantes, porém estipulado previamente. O goleiro poderá defender com as duas mãos ao mesmo tempo ou até mesmo com os pés, porém quando dominar a bola, deverá sair jogando como os outros jogadores. Cada gol valerá um ponto e a atividade poderá terminar por tempo ou por número de gols, de acordo com o que os participantes combinarem previamente com o recreacionista. Vencerá a equipe que fizer o maior número de gols.

16. Formar letras com o corpo

Os participantes divididos em grupos esperarão o sinal de início, encostados em uma das laterais do espaço.

O recreacionista combina com os participantes qual deverá ser a posição em que deverão cumprir a tarefa a seguir (ex.: em pé, de cócoras, deitados etc.).

A tarefa é a seguinte: o recreacionista fala uma determinada letra do alfabeto e os grupos deverão formar essa letra utilizando-se de seus corpos, virados para o lado onde se encontra o recreacionista, para que ele a leia. Todos os participantes deverão estar sendo utilizados na formação da letra, nenhum podendo ficar de fora, nem em posição errada.

A equipe que primeiro terminar a tarefa fará um ponto. Retornarão à lateral do espaço e o recreacionista dará outra posição que deverão estar, e dirá outra letra. Tudo se reiniciará.

A atividade terminará por pontos ou por vezes, sendo vencedora a equipe que acumular o maior número de pontos.

17. Fuji-fuji

Os participantes estarão dispostos todos juntos, na extremidade de um espaço predeterminado. Um dos participantes será o pegador e ficará no meio desse espaço e é ele quem dará o comando da atividade. O pegador pode correr livremente pelo espaço. Toda vez que ele disser "PEGA-PEGA" os participantes responderão "FUJI-FUJI", e em seguida deverão correr e tentar atravessar o espaço. Quem for pego virará, junto com o pegador anterior, um novo pegador (porém este deverá permanecer parado no local onde estava quando foi pego). Vence a atividade o último a ser pego.

18. Futebol de caranguejo

Variação do futebol, sendo que os participantes estarão apoiados sobre seus pés e mãos, de barriga para cima. Só se poderá conduzir e chutar a bola com as mesmas partes permitidas no futebol, ou seja, sem utilizar mãos e braços. Também não será permitido tirar as mãos do chão, nem sentar enquanto estiver disputando a bola ou se locomovendo.

O goleiro poderá ficar sentado ou ajoelhado e defender com os braços e as mãos além de todo o corpo. Porém para sair jogando, deverá adotar a mesma posição dos outros jogadores.

O intuito dos jogadores será colocar a bola dentro da trave adversária, fazendo assim o gol. Cada gol valerá um ponto.

A atividade terminará por número de gols ou por tempo, desde que determinados previamente. Vencerá a equipe que fizer maior número de gols.

19. Galinha e pintinhos

Os participantes, em número de cinco a sete aproximadamente, formarão uma coluna. Todos segurarão firmemente na cintura do companheiro da frente, para que seja difícil separarem-se. O primeiro da coluna, a "Galinha", estará de braços abertos, para defender seus "pintinhos", que serão os companheiros de trás.

Um outro participante, a "Raposa", estará de frente para a galinha, a uma distância de aproximadamente 1 metro.

Ao sinal de início, dado pelo recreacionista, a raposa tentará pegar o último pintinho da coluna. Enquanto isso, a galinha tentará proteger seus pintinhos, movendo-se em direção à raposa e dificultando sua passagem. A raposa terá que ser rápida em sua movimentação e mudança de direção, tentando burlar a defesa da galinha. A coluna também não poderá se quebrar, pois será atingido o intento da raposa. A galinha em nenhuma circunstância poderá segurar a raposa.

De acordo com seu interesse, os participantes mudarão as posições aleatoriamente, até que passem por todas. A atividade prosseguirá enquanto houver motivação.

Formando-se duas colunas, com duas galinhas, cada uma com seus respectivos pintinhos, colocar-se-á uma galinha de frente para a outra e cada galinha tentará pegar o último pintinho adversário, procedendo em todos os outros detalhes como anteriormente. A galinha que conseguir pegar o pintinho adversário será vencedora. Caso a coluna se quebre, também significará vitória do adversário. A essa nova variação chamamos de "Luta de Serpentes".

20. Garrafabol

O recreacionista preparará previamente garrafas plásticas grandes (refrigerantes de 2 litros), cortadas ao meio. A superfície cortada deverá ser protegida por fita colante para que não ofereça perigo de cortar as mãos dos participantes. As fitas colantes, ou as próprias garrafas, poderão ser de cores diferentes, para identificar jogadores do mesmo time.

Dois baldes serão colocados um em cada extremidade do espaço, dentro de uma área delimitada para ele, com aproximadamente 2 metros de distância do balde. Ninguém, nem atacante nem defensor, poderá invadir a área do balde.

Dois times serão formados e cada participante terá em mãos uma garrafa cortada, a qual segurará pelo gargalo. Haverá uma bola pequena, tipo bola de tênis, que deverá ser controlada pelos jogadores somente através das garrafas, dentro delas. Não será permitido pegar a bola com as mãos, mesmo que ela caia no chão. Deverá sempre ser pega com a garrafa. O intuito dos participantes será embocar a bola dentro do balde, cada um do seu lado, enquanto o adversário tentará impedi-lo. Cada vez que o time conseguir pôr a bola no balde fará um ponto. A atividade terminará por pontos ou por tempo, conforme combinado previamente, vencendo a equipe que fizer maior número de pontos.

21. Handsabonete

Modificação do jogo de Handebol, onde as traves são substituídas por baldes e a bola é trocada por um sabonete.

Dois baldes serão colocados um em cada extremidade do espaço, com água até sua metade.

Os participantes estarão divididos em dois grupos. O recreacionista entregará a eles um sabonete já molhado, que servirá de "bola". O sabonete será conduzido e arremessado com as mãos. O jogador que tiver a posse do sabonete não poderá deslocar-se, enquanto os outros se deslocarão livremente. O intuito dos jogadores será embocar o sabonete dentro do balde, podendo para isso fazer passes com seus companheiros. Cada vez que conseguirem pôr o sabonete dentro do balde, farão um ponto para sua equipe.

O jogo recomeçará, com o mesmo sabonete, sempre molhado.

A atividade terminará por tempo ou pontos, desde que estabelecido previamente. Vencerá a equipe que fizer o maior número de pontos.

22. Jam kem pô *na selva*

Os participantes serão divididos em três grupos. O recreacionista estipulará três figuras que poderão ser utilizadas. As figuras são: CAÇADOR (será representado com a mão na testa em busca da caça). ESPINGARDA (será representada com um passo a frente e com as mãos na posição da arma, fazendo o som de tiro). LEÃO (será representado com as mãos para cima e o som imitando um rugido). Cada grupo escolherá uma das três figuras, a qual deverá ser a mesma para todos os componentes daquele grupo. Os grupos deverão estar de costas um para o outro e, ao sinal do recreacionista, deverão virar de frente e representar a figura escolhida. É importante que toda a equipe faça a mesma figura. Marca ponto a equipe que conseguir "ganhar" da outra, de acordo com o critério estabelecido. O Caçador ganha da Espingarda, a Espingarda ganha do Leão e o Leão ganha do caçador. Vence quem conseguir mais pontos de acordo com o estabelecido pelo recreacionista.

23. Mão-cabeça

É mais propícia para quadra esportiva, mas não deixa de poder ser adaptada a outros espaços.

Os participantes estarão divididos em duas equipes, dispostas livremente pelo espaço.

Será utilizada uma bola de vôlei ou outra parecida, porém não muito pesada. Os participantes controlarão a bola alternando toques de cabeça e de mão. Importante: toda vez que o toque for feito com as mãos, o jogador deverá prender a bola (segurá-la) e depois soltá-la novamente. O jogador de posse de bola não poderá se deslocar com ela, enquanto os demais se deslocarão livremente. Como já dito, os jogadores do mesmo time deverão tocar a bola uma vez com as mãos, outra com a cabeça, outra com as mãos, outra com a cabeça e assim sucessivamente. Tocar duas vezes seguidas com as mãos ou duas vezes seguidas com a cabeça será uma falta, que implicará em entrega da posse de bola para a equipe adversária. O intuito dos participantes será fazer com que a bola toque na tabela do basquete, sendo que para isso, deverão fazer o último toque com a cabeça.

Cada vez que a bola tocar na tabela, tendo sido tocada por último com a cabeça, a equipe fará um ponto. O jogo terminará por tempo ou por pontos, conforme combinado previamente. Vencerá a equipe que fizer maior número de pontos.

24. Olha a bola

Os participantes formarão uma roda, com as pernas afastadas e os pés tocando os pés dos colegas ao lado. Uma bola é colocada em movimento no meio da roda, deslocada rasteiramente pelos participantes. Todos pretendem fazer com que a bola saia da roda por baixo das pernas de um dos outros participantes, evitando que a mesma saia por baixo de suas próprias pernas. Para isso, utilizarão suas mãos. Não se pode segurar a bola, apenas bater nela.

A pessoa que deixar a bola sair por baixo de suas pernas, virará de costas para o centro da roda, permanecendo nela e na atividade. Seu procedimento será o mesmo, só mudando a posição. Se a bola sair novamente por baixo das pernas de um participante que já está de costas, ele terá que pagar uma prenda, e todos retornarão à posição inicial, recomeçando-se a atividade. Esta atividade se tornará cada vez mais interessante, quanto mais aumentarmos o número de bolas.

A atividade prosseguirá enquanto houver motivação.

25. O quarteto maluco

Os participantes formarão quartetos e cada um terá um número (1,2,3 e 4). O número 1 é o central (tudo acontece com ele). O número 2, de frente para o número 1, criará movimentos que o número 1 deverá espelhar. O número 3, ao lado do número 1, fará perguntas que o número 1 deverá responder. O número 4, do outro lado do número 1, reclamará do não comparecimento do número 1 ao um compromisso entre eles agendado, e o número 1 deverá desculpar-se pela ausência. Tudo isso acontece ao mesmo tempo. É interessante fazer com que todos passem pelas quatro situações.

26. O segredo de Mustafá

Vamos descrever esta atividade numa quadra de esportes, mas ela poderá ser adaptada a qualquer outro espaço que o valha.

Uma das extremidades chamaremos de zona livre. A outra extremidade será chamada de território sagrado. O círculo central delimitará o reduto da paz. Todo o outro espaço disponível chamaremos de campo de batalha.

Os recreacionistas deverão preparar previamente uma grande quantidade de pequenas pirâmides, que poderão ser, por exemplo, confeccionadas e desenhadas em pequenos pedaços de cartolina ou coisa que o substitua.

Os participantes serão divididos em grupos e a cada grupo corresponderá uma urna preparada também previamente pelos recreacionistas. Essas urnas serão colocadas dentro do território sagrado.

Um recreacionista devidamente caracterizado representará o papel de Mustafá. Ele será o orientador da atividade explicando e dando início a ela, após ter contado toda uma história sobre seu desenvolvimento. Mustafá se manterá sempre na zona livre. Cada participante receberá das mãos de Mustafá uma pirâmide, a qual deverá depositar na urna correspondente à sua equipe. Para isso, terá que atravessar o campo de batalha. Durante a travessia, outros recreacionistas devidamente caracterizados representando os beduínos, interceptarão os participantes. O participante que for pego pelo beduíno deverá entregar a ele a pirâmide que estiver carregando. Para pegar um participante, o beduíno não precisará segurá-lo, basta tocá-lo; o participante deverá parar imediatamente, deixando a pirâmide com o beduíno e voltando até Mustafá, que lhe entregará uma nova pirâmide para que recomece sua tentativa. Cada participante só poderá transportar uma pirâmide por vez, desde o início.

Dentro do campo de batalha, toda vez que um participante sentir-se ameaçado, poderá refugiar-se no reduto da paz, que funcionará como um pique. Os beduínos respeitarão a paz nesse espaço, e não tomarão as pirâmides dos participantes. Porém um outro recreacionista devidamente caracterizado será o pigmeu maluco. Este participará da mesma maneira que os beduínos, porém com a diferença apenas de que não respeitará o reduto da paz, tomando as pirâmides dos participantes também lá.

Todo participante que conseguir atravessar o campo de batalha, entrar no território sagrado e depositar sua pirâmide em sua respectiva urna, deverá voltar até Mustafá, pegar outra pirâmide e reiniciar a travessia.

Sempre que possível, os beduínos trarão a Mustafá as pirâmides recolhidas. Mustafá continuará entregando-as aos participantes.

A atividade terminará por tempo ou quando acabarem todas as pirâmides das mãos de Mustafá, conforme combinado.

Ao final, serão contadas as pirâmides de cada uma das urnas e será vencedora a equipe que tiver conseguido colocar o maior número de pirâmides.

Este jogo é muito interessante e motivador, pois mexe com a imaginação dos participantes e além disso, existem duas disputas: primeiramente os participantes disputam contra os beduínos; em segundo plano, também disputam contra as equipes adversárias.

27. Pack man

Esta atividade utiliza todas as linhas de uma quadra poliesportiva.

Todos os participantes só poderão se deslocar andando por cima das linhas da quadra. Para mudar de linha, deverão ir até a junção entre elas, não podendo saltar. Haverá um pegador, que também se deslocará da mesma forma. Ninguém poderá correr, apenas andar rápido. Para pegar, o pegador deverá estar na mesma linha que o fugitivo, e bastará tocá-lo, não sendo necessário segurá-lo. Estando dois participantes na mesma linha, um não poderá passar pelo outro, pois estariam saindo da linha. Assim, ambos deverão chegar a um acordo sobre para que lado seguir. Certamente o pegador tirará proveito dessa indecisão, aproximando-se desses fugitivos. O jogador que for pego passará a ser o novo pegador, e o pegador anterior, passará a ser fugitivo. A atividade prosseguirá enquanto houver motivação. Poderá ser aumentado o número de pegadores, dificultando, assim, a fuga.

Como variação, pode-se fazer com que os fugitivos pegos sentem-se no local onde isso aconteceu, tornando-se um obstáculo naquela linha.

Os fugitivos não poderão transpor esse obstáculo, mas o pegador pode.

Nesse caso, o pegador será sempre o mesmo até que todos os fugitivos se sentem. A atividade terminará quando todos tiverem sido pegos. Vencerá quem for pego por último.

28. Passa-arco

Os participantes farão uma roda com as mãos dadas.

O recreacionista terá vários arcos consigo. Ele colocará um dos arcos no braço de um dos participantes. Este, por sua vez, terá que passar todo o seu corpo por dentro do arco, fazendo com que o mesmo chegue até o seu outro braço. Em seguida, passará o arco para o companheiro que estará ao seu lado, o qual terá o mesmo procedimento. Tudo isso acontecerá sem que os participantes soltem as mãos uns dos outros. O arco passará sempre na mesma direção, até que retorne ao primeiro participante. Feito isso, todos prosseguirão nesse processo e o recreacionista irá, aos poucos, colocando mais arcos na roda, um a um.

Todos os arcos correrão na mesma direção. Os participantes tentarão evitar que dois arcos se encontrem. Se isso acontecer, o participante que tiver os dois arcos em seu corpo deverá pagar uma prenda qualquer.

A atividade prosseguirá enquanto houver motivação.

Em lugar dos arcos poderão ser utilizados bambolês.

29. Pega-rabo

Os recreacionistas preparam previamente tiras de pano ou material que o substitua, de aproximadamente 60 cm de comprimento, em número suficiente para que cada participante tenha uma.

Os participantes prenderão essas tiras em suas roupas, às suas costas, de forma que fiquem como um rabinho. Todos estarão espalhados aleatoriamente por todo o espaço demarcado.

Ao sinal de início, os participantes tentarão roubar o rabo dos colegas e, ao mesmo tempo, proteger o seu. O participante não poderá segurar seu próprio rabo, apenas poderá protegê-lo com movimentos do corpo.

Também não será permitido segurar o adversário nem tocá-lo propositadamente. Ao perder seu rabo, o participante não será desclassificado, ele continuará na atividade tentando pegar o rabo de seus companheiros. Porém, não será permitido que o participante tenha rabos em suas mãos e não o tenha em suas costas. Cada vez que ele perder seu rabo, deverá passar uma das tiras que tem nas mãos para as costas.

A atividade terminará por tempo predeterminado. Será vencedor quem tiver consigo o maior número de rabos.

30. Queimada chinesa

Traçam-se duas linhas paralelas de aproximadamente 5 a 6 metros de comprimento no solo. A distância entre as linhas será de aproximadamente 6 metros.

Os participantes serão divididos em duas equipes. A equipe da defesa se posicionará, entre as linhas paralelas, enquanto a equipe do ataque se subdividirá, posicionando-se fora das linhas, metade de cada lado.

Por se tratar de uma queimada, será utilizada uma bola de vôlei ou outra semelhante, leve.

A equipe do ataque terá a posse da bola e dado o sinal de início, tentará queimar os participantes da equipe de defesa. Para queimar, será necessário que a bola toque em qualquer parte do corpo do jogador, caindo em seguida no chão. Os jogadores do ataque poderão também fazer passes para seus companheiros que se encontrarão do outro lado. Caso algum jogador da defesa seja queimado, não será eliminado: apenas será computado um ponto para a equipe do ataque e a bola voltará a ser de posse dos atacantes. Caso um jogador da defesa pegue e segure a bola em qualquer circunstância, exceto logo após uma queima, sua equipe terá o direito de passar para o ataque, enquanto os atacantes deverão passar para a defesa. Assim sucessivamente, ambas as equipes terão oportunidade de marcar pontos, pois isso só será possível (marcar pontos) para a equipe que se encontrar no ataque.

Serão acumulados os pontos a cada rodada. A atividade poderá terminar por tempo, por número de pontos ou, mais comumente, por número de rodadas, desde que combinado previamente. Vencerá a equipe que somar o maior número de pontos.

31. Troca letras

Cada participante receberá uma folha de sulfite que deverá ser dividida em 16 pedaços. Nelas os participantes deverão anotar uma letra determinada pelo recreacionista. Ao sinal do recreacionista, os participantes deverão andar livremente pelo espaço, parar em frente a um colega qualquer, dizer seu próprio nome e trocar uma de suas letras com esse colega. Vence quem conseguir primeiro formar uma frase preestabelecida pelo recreacionista (com 16 letras).

32. Vinte passes

Os participantes, divididos em duas equipes, estarão espalhados livremente por todo o espaço demarcado.

Será interessante utilizar-se algum artifício para identificar jogadores da mesma equipe.

Utilizando-se de uma bola de basquete ou semelhante, os grupos terão o intuito de fazer vinte passes entre seus componentes, sem interrupção.

Enquanto isso, os adversários tentarão roubar-lhes a bola. Conseguindo, eles é que irão iniciar sua tentativa de fazer os vinte passes. Cada vez que a sequência de passes for interrompida, a contagem dos passes reinicia-se do zero. Durante os passes, todos os participantes da equipe, de posse da bola, deverão contar esses passes em voz alta, juntos. O jogador que estiver com posse da bola não poderá deslocar-se com ela, enquanto todos os outros deslocar-se-ão livremente.

A equipe que conseguir fazer os vinte passes sem interrupção marcará um ponto. A atividade terminará por pontos ou por tempo, desde que estipulado previamente. Vencerá a equipe que somar o maior número de pontos.

33. Vôlei cego

Adaptação do jogo de voleibol. Neste caso a rede será totalmente coberta por uma lona, pano escuro ou qualquer coisa que o valha. O procedimento será igual ao voleibol, com a diferença que as duas equipes não poderão se ver e a chegada da bola será sempre uma surpresa. Caso os participantes tenham certa habilidade no jogo de voleibol, poderá ser proibida a cortada. O fato de uma equipe não poder enxergar a outra, e nem a bola, tornará a atividade bastante divertida; será necessário tentar adivinhar de onde a bola vem. O recreacionista atuará como árbitro.

34. Vôlei de toalhas

Adaptação de um jogo de voleibol, com a diferença de que os jogadores da mesma equipe deverão permanecer em duplas e ter em suas mãos uma toalha. As duplas deverão segurar a toalha pelas extremidades e ao invés das mãos, usar a toalha para receber e passar a bola. No mais, prosseguirá como o voleibol propriamente dito. O recreacionista será o árbitro.

35. Voleixiga

O recreacionista preparará previamente algumas bexigas (balões de borracha) cheias com água e um pouco de ar.

É uma adaptação do jogo de voleibol, com a diferença de que ao invés de bola, usaremos as bexigas. O jogo procede como um jogo de voleibol, porém a bexiga não deverá ser tocada, mas sim segurada e depois lançada. É interessante tornar obrigatório fazer três passes antes de passar a bexiga para o lado adversário. A preocupação com a água dentro da bexiga, sendo que esta pode estourar a qualquer momento, é que cria a maior expectativa por parte dos participantes.

Cada vez que a bexiga estourar, outra será colocada em jogo. Se a bexiga estourar nas mãos de algum participante, será ponto do time adversário. No mais, o jogo prosseguirá como o voleibol propriamente dito. O recreacionista será o árbitro.

36. Jogos de estafeta

Os jogos de estafeta são aqueles em que os participantes cumprem determinada tarefa um por vez, enquanto seus companheiros esperam sua vez. Citamos aqui alguns mais interessantes:

— ESTAFETA DA BEXIGA: Os participantes estarão divididos em grupos. Cada grupo formará uma coluna. Dado o sinal de início, o primeiro de cada coluna correrá até um determinado ponto com uma bexiga nas mãos, cheia de ar. Chegando ao local estipulado, deverá estourar a bexiga sentando-se em cima dela. Feito isso, voltará para sua coluna. Ao passar por seu próximo colega de equipe, o tocará e este partirá, repetindo as atitudes do anterior, e assim sucessivamente até que todos tenham ido.

Vencerá a equipe que terminar primeiro.

— ESTAFETA DA BOLACHA: Os recreacionistas prepararão bolachas e copos com água que estarão a uma certa distância da linha de início. Os participantes estarão divididos em grupos. Cada grupo formará uma coluna e os participantes do mesmo grupo formarão duplas. Dado o sinal de início, as duplas atravessarão o espaço até as bolachas. Cada dupla deverá comer duas bolachas e tomar um copo de água, sendo que um componente da dupla irá comer e beber tudo, porém sem poder pôr suas mãos. O companheiro é que lhe dará na boca. O participante deverá engolir tudo, e só depois poderá voltar para sua coluna. Ao passar pela próxima dupla de sua equipe, a tocará e esta partirá, repetindo a atitude da anterior, e assim sucessivamente, até que todos tenham ido. Vencerá a equipe que terminar primeiro. É interessante fazer os componentes de cada dupla caminharem juntos, criando para isso posições hilariantes de deslocamento (abraçados de costas, com as mãos entre as pernas etc.).

— *ESTAFETA DE CALÇAR O TÊNIS*: O recreacionista previamente recolherá os tênis ou calçados de todos os participantes e os colocará misturados em uma extremidade do espaço. Os participantes estarão divididos em grupos. Cada grupo formará uma coluna do outro lado do espaço. Dado o sinal de início, o primeiro de cada coluna correrá até o monte de calçados, devendo encontrar o seu, calçá-lo e amarrá-lo, voltando pronto para sua coluna.

Ao passar por seu próximo colega de equipe, o tocará e este partirá, repetindo as atitudes do anterior, e assim sucessivamente até que todos tenham ido. Vencerá a equipe que terminar primeiro.

— *ESTAFETA DE ENCHER GARRAFAS*: O recreacionista previamente colocará em uma das extremidades do espaço, uma garrafa vazia para cada grupo de participantes. Todas as garrafas deverão ser idênticas. No meio do espaço, colocará um balde contendo água até sua metade (ou vários). Os participantes estarão divididos em grupos. Cada grupo formará uma coluna na outra extremidade do espaço. O primeiro participante de cada coluna terá em sua mão um copo. Todos os copos serão idênticos. Dado o sinal de início, o primeiro de cada coluna correrá até o balde e encherá seu copo com água, prosseguindo até a garrafa correspondente a sua equipe. Lá chegando, deverá despejar a água do copo na garrafa, sem que para isso utilize a outra mão (a que não segura o copo). Feito isso, voltará para sua coluna. Ao passar por seu próximo colega de equipe, o tocará e este partirá, repetindo as atitudes do anterior, e assim sucessivamente até que encham a garrafa. Vencerá a equipe que terminar primeiro. Obs.: usar materiais inquebráveis.

— *ESTAFETA DE GIRAR NO BASTÃO*: O recreacionista previamente pendurará uma bola de meia ou coisa que o valha para cada equipe participante, a uma boa distância da linha de início. Os participantes estarão divididos em grupos. Cada grupo formará uma coluna à frente da linha de início. O primeiro de cada coluna terá posse de um bastão ou cabo de vassoura. Dado o sinal de início, apoiará sua testa numa extremidade do bastão, que estará na vertical, apoiada no chão pela outra extremidade. Deverá segurar o bastão com uma das mãos, enquanto a outra vai às suas costas. Em seguida, gira rapidamente dez vezes em torno do bastão e atravessa o espaço em direção à bola de meia. Caso caia, o participante se levantará e continuará o trajeto. Chegando ao outro lado, deverá bater com o bastão na bola de meia, voltando em seguida para sua coluna. Ao passar por seu próximo colega de equipe, entregará a ele o bastão e este repetirá a atitude do anterior, e assim sucessivamente, até que todos tenham ido. Vencerá a equipe que terminar primeiro.

— *ESTAFETA DA VELA:* O recreacionista previamente prepara uma vela para cada equipe e as coloca numa das extremidades do espaço. Os participantes estarão divididos em grupos. Cada grupo formará uma coluna na outra extremidade do espaço. Os componentes de cada coluna formarão duplas. Dado o sinal de início, cada dupla atravessará o espaço com seus componentes unidos em uma posição hilariante (abraçados de costas, com uma das mãos entre as pernas etc.), segurando uma outra vela acesa.

Chegando do outro lado do espaço, com a vela acesa acenderão a vela que lá se encontrará apagada. Feito isso, voltarão na mesma posição até sua coluna, entregando a vela acesa para a próxima dupla de sua equipe, a qual repetirá a atitude da anterior, e assim sucessivamente até que todos tenham ido. Caso a vela se apague no meio do caminho, só o recreacionista deverá ter isqueiro ou fósforos para reacendê-la. Os participantes deverão ir até o recreacionista para reacenderem suas velas, e voltar ao ponto onde a vela se apagou, continuando sua tarefa. Cada vez que as velas que estiverem paradas na extremidade oposta às colunas forem acesas, alguém deverá apagá-las para que a próxima dupla possa acendê-la. Vencerá a equipe que terminar primeiro.

Querendo-se simplificar a atividade, cada participante poderá ir individualmente.

CAPÍTULO 3

ATIVIDADES PARA SALAS, ÔNIBUS E ESPAÇOS RESTRITOS

1. Apito escondido
2. Bingo humano
3. Calçar a cadeira
4. Cartões coloridos
5. Centopeia circular
6. Círculo das palmas
7. Chapeuzinho Vermelho
8. Comando de valer
9. Desenho da lua
10. Desequilíbrio
11. Dólar
12. Estourar bexigas com os pés
13. Fototeste
14. Jogo do chocolate
15. Loteria cultural
16. Maestro
17. Mango
18. Milho, Pipoca e Panela de Pressão

19. Montar a frase
20. Olho vivo
21. Painel mágico
22. *Pum*/Desce
23. Quem sou eu
24. Rua do comércio
25. Varal de jornal
26. Zoológico

1. Apito escondido

Os participantes formarão um círculo. Dois ou três participantes escolhidos aleatoriamente sairão do espaço, enquanto o recreacionista combinará com os que ficarem como será o desenvolvimento da atividade.

Os participantes que estavam fora voltarão, um por vez, e ficarão no centro da roda junto com o recreacionista. Ele deverá tentar adivinhar quem, dos participantes que estarão na roda, está com um apito. Para isso, os participantes vez por outra apitarão, para que o outro possa seguir o som. Todos os participantes deverão simular ter um apito em suas mãos, para tentar enganar o central. Será dito ao central que os outros participantes da roda poderão passar o apito para as mãos dos outros que estarão ao lado. O central poderá fazer algumas tentativas e o recreacionista deverá se empenhar em iludi-lo. Na verdade, o apito não se encontrará com nenhum dos participantes, mas sim preso às costas do próprio recreacionista. Quando este der as costas a algum participante, ele pegará o apito e emitirá o som, uma vez que o recreacionista estará cobrindo-o com seu próprio corpo. Pouco a pouco, o recreacionista irá facilitando, até que o central perceba que o apito está com ele.

Outro participante que estiver fora, virá, a seguir, e reiniciará todo o procedimento.

2. Bingo humano

Os participantes estarão sentados livremente por todo o espaço, de posse de uma folha de papel e uma caneta ou lápis. Esta folha deverá ser marcada com duas linhas horizontais paralelas e duas linhas verticais paralelas, de forma a ficar dividida em nove partes. Os participantes deverão escolher para si um nome composto por seu apelido mais o seu prato predileto. Após o sinal do recreacionista, os participantes deverão se levantar e se cumprimentar com um aperto de mão, dizendo aquele nome duplo que havia se atribuído. Cada participante anotará o nome do outro que cumprimentou em sua folha, partindo ao encontro de outro e procedendo da mesma forma.

Cada nome será anotado em um dos nove espaços existentes no papel. Cada participante deverá, portanto, ter nove nomes escritos em seu papel. Quem terminar esta primeira etapa sentará novamente no mesmo local em que se encontrava antes do início. Mesmo depois de sentado, se procurado por alguém que ainda não preencheu todos os nove espaços, deverá dar-lhe seu nome, pois temos a intenção de que todos os participantes tenham todos os nove espaços preenchidos em seu papel.

O recreacionista deverá estipular um tempo curto para que tudo isso aconteça, com o intuito de criar um dinamismo e maior diversão. Após todos terem terminado esta etapa, terão confeccionado suas cartelas de bingo.

A partir de então, o recreacionista escolherá aleatoriamente um participante por vez, o qual deverá levantar-se e dizer o nome com o qual se apresentou. Os outros participantes que tiverem esse nome em suas cartelas irão marcá-lo com um X. O recreacionista irá chamar outro participante e procederá da mesma forma, até que um dos participantes tenha marcado todos os nove nomes de sua cartela. O participante que primeiro marcar todos os nomes será o vencedor.

De acordo com o grupo que se estiver trabalhando, o aperto de mão poderá ser substituído ou acompanhado por um abraço ou um beijo ou outro gesto qualquer que represente um cumprimento.

A comida poderá ser substituída por bichinho de estimação, ou carro que gostaria de ter ou mesmo pelo bairro onde se mora.

3. Calçar a cadeira

Traçam-se duas linhas paralelas no chão do espaço disponível, para delimitar a posição dos participantes. Entre as linhas, serão colocadas duas cadeiras, uma para cada equipe e espalhados oito pés de calçados, que poderão ser solicitados aos próprios participantes.

Os participantes serão divididos em duas equipes e cada equipe ocupará uma das extremidades do espaço, fora das linhas demarcatórias. Cada equipe escolherá o seu representante, que terá seus olhos vendados. Ao sinal de início, dado pelo recreacionista, os representantes ficarão em quatro apoios, na posição de gato, e através do tato encontrarão os calçados. Ao encontrar, levarão esse calçado até sua cadeira e o colocarão no pé da mesma, calçando-a. Só poderão pegar um pé de calçado por vez. Depois de colocado na cadeira, eles irão em busca de outro. A equipe poderá ajudar, porém sem ultrapassar as linhas. Só poderão indicar qual a direção a ser seguida através da voz. O representante que primeiro conseguir calçar os quatro pés da sua cadeira marcará um ponto para sua equipe naquela rodada. Virão outros dois representantes e reiniciarão todo o procedimento. Será vencedora a equipe que conseguir, em várias rodadas, o maior número de pontos. O jogo terminará por pontos ou por número de rodadas, desde que estipulado previamente.

4. Cartões coloridos

Os participantes deverão estar sentados de frente para o recreacionista. Este deverá, através de uma história, simular a banda de um circo. Com as mãos fechadas, na altura do quadril os participantes mexem as mãos e simulam um tambor, fazendo também o som. Com as mãos abertas, na altura do peito os participantes batem palmas e simulam pratos, fazendo também o som. O recreacionista usará um cartão vermelho e um amarelo que ficará escondido atrás das costas. Os participantes serão a banda e deverão seguir o comando do recreacionista, de acordo com a exibição dos cartões. Ao mostrar o cartão amarelo os participantes deverão fazer o gesto e o barulho do tambor, e ao levantar o vermelho deverão fazer o gesto e o barulho do prato. O recreacionista poderá trocar os cartões e mostrá-los de forma aleatória para requisitar a atenção dos participantes.

5. Centopeia circular

Os participantes formarão uma roda, posicionando-se lateralmente em relação ao centro dela. A roda deverá estar bem apertada, com todos os participantes bem próximos. A ponta do pé de cada um quase tocará o calcanhar de quem estiver em sua frente. É importante que a roda esteja bem simétrica, não se ovalando. Todos apoiarão as mãos nos ombros do companheiro da sua frente. Ao sinal do recreacionista, todos juntos, simultânea e lentamente, irão sentar-se nos joelhos do companheiro de trás. É importante que o movimento seja bastante sincronizado, pois se um participante apenas não corresponder, toda a roda será prejudicada, sendo impossível formar a "Centopeia". Depois de formada, ao comando do recreacionista, a centopeia tentará andar, também com movimentos sincronizados pelo recreacionista, que marcará os passos dizendo "direita" e "esquerda". Não se deverá desistir antes de conseguir formar; por muitas vezes não se conseguirá de primeira. A atividade terminará quando for atingido o intento da turma.

6. Círculo das palmas

Os participantes formarão um círculo com sete ou oito pessoas no máximo, todos em pé. Ao sinal do recreacionista, deverão bater palmas, um por vez, na sequência das pessoas, em sentido horário. Algum participante, a qualquer momento, poderá bater palmas duas vezes... isso significa que as palmas voltam, ou seja, agora em sentido anti-horário, até que alguém inverta o sentido novamente. Algum participante também poderá, a qualquer momento, bater o punho no peito... desta forma ele irá pular a vez do participante seguinte. A atividade continua enquanto houver motivação.

Pode-se realizar esta atividade com os participantes sentados no chão. Desta forma, eles deverão colocar as palmas da mão no chão entrelaçando/cruzando os braços. Ao invés de bater pal-mas eles deverão bater as palmas das mãos no chão, uma de cada vez. Quem bater duas vezes no chão inverte a ordem e quem fechar a mão pula a vez do próximo.

7. Chapeuzinho vermelho

Os participantes estarão dispostos em duplas, um de frente para o outro, e haverá um objeto no meio dos dois. O recreacionista contará uma história e cada vez que ele falar a palavra VERMELHO (ou vermelha, vermelhinha, vermelhão, etc.) os participantes deverão tentar pegar o objeto antes que o colega o faça. Marca ponto quem pegar primeiro. Porém se um dos participantes pegar o objeto sem o recreacionista falar VERMELHO, perderá um ponto para o colega. Vencerá quem conseguir mais pontos ao final da história.

8. Comando de valer

Os participantes estarão distribuídos livremente pelo espaço, de frente para o recreacionista.

O recreacionista, para iniciar a atividade, dirá "Comando de Valer". A esse comando, os participantes deverão responder com o gesto de balançar suas mãos à altura da cintura. O recreacionista dará novos comandos, os quais deverão ser cumpridos pelos participantes. Porém, sempre que der um comando, o recreacionista dirá a própria palavra "comando" antes. Por exemplo: "Comando alto", as pessoas deverão elevar os braços; "Comando nariz", as pessoas deverão tocar o nariz; "Comando pé", as pessoas deverão tocar o pé. Se o recreacionista não disser a palavra comando antes da ordem, esta ordem não deverá ser cumprida pelos participantes. Quem cumprir ordem dada sem a palavra comando, estará cometendo um erro. Além disso, o recreacionista também tentará confundir os participantes, dizendo uma parte do corpo e tocando em outra. Os participantes deverão tocar a parte falada e não a parte que o recreacionista tocar. Quem tocar o local errado estará cometendo um erro.

Os participantes que errarem pagarão uma prenda ou serão desclassificados naquela rodada. Neste caso, o último que sobrar sem ter errado será o vencedor daquela rodada.

A atividade continuará enquanto houver motivação.

9. Desenho da lua

O recreacionista dirá aos participantes que cada um deverá descrever como é sua lua, utilizando para isso palavras e gestos. O recreacionista irá iniciar a descrição e os participantes deverão prestar muita atenção em todos os detalhes. Depois dele, cada um por sua vez tentará descrever sua lua e o recreacionista dirá se a lua pode ser daquele jeito ou não. A chave de toda a questão não é nenhum gesto nem palavra da descrição da lua em particular; a lua poderá ser de qualquer jeito. Só importa que após toda a gesticulação, quem estiver descrevendo deverá cruzar os braços. Claro que esse será também o procedimento inicial do recreacionista, para que os participantes prestem atenção.

A atividade continuará até que todos ou a maioria tenha desvendado a chave.

10. Desequilíbrio

Os participantes formarão trios, com dois participantes um de frente para o outro e o terceiro no meio. Quem estiver no meio deverá, com os pés firmes no chão e o corpo rígido, se desequilibrar e os participantes da ponta deverão segurá-lo e empurrá-lo de volta para o outro colega. Depois de algum tempo, trocam-se as posições para que todos vivenciem. Pode-se também juntar dois trios, formando um círculo com 5 em volta e um no meio. O procedimento é o mesmo... ele deverá se desequilibrar e os demais deverão segurar. Não é recomendado mais que 6 participantes para esta atividade.

11. Dólar

Os participantes estarão distribuídos livremente pelo espaço, tendo em mãos cinco bolinhas de papel ou coisa que o valha. Será dito que cada bolinha de papel vale um milhão de dólares.

Ao sinal de início, os participantes passearão lentamente pelo espaço, cumprimentando as pessoas e olhando-as nos olhos. Não será permitido falar nem fazer nenhum tipo de gesto ou expressão corporal nem facial. Ao cumprimentar os outros, existirá mais uma regra, a mais importante: *NÃO PODE RIR.* A pessoa que rir terá que pagar um milhão de dólares para a outra (uma bolinha de papel). O intuito dos jogadores será tentar tirar dos outros, através do riso, o maior número possível de bolinhas de papel, sem perder as suas.

Para variar, pode-se colocar que é permitido também fazer expressões faciais, corporais, gestos, ou falar e fazer graça. Só não poderá rir.

O recreacionista, após um tempo não muito longo, dará um sinal de término da atividade. Todos irão contar com quantas bolinhas se encontram naquele momento. Vencerá quem tiver o maior número de bolinhas.

12. Estourar bexigas com os pés

O recreacionista estabelecerá previamente os limites do espaço a ser utilizado. Os participantes estarão distribuídos livremente pelo espaço. Cada participante amarrará em seu tornozelo um barbante com uma bexiga cheia de ar. Ao sinal de início, dado pelo recreacionista, os participantes tentarão estourar as bexigas dos adversários com os pés e ao mesmo tempo defender a sua. As bexigas ficarão na parte posterior da perna. Não será permitido usar as mãos, que ficarão às costas.

O participante que tiver sua bexiga estourada será desclassificado, assim como o participante que usar as mãos ou estourar a bexiga do adversário sem ser com os pés.

A atividade terminará por tempo ou quando sobrar apenas um participante com a bexiga sem ser estourada. Vencerá quem tiver sua bexiga cheia.

13. Fototeste

O recreacionista preparará previamente uma cartolina com determinado número de fotografias de artistas, personagens importantes ou pessoas famosas, que sejam de domínio público e conhecimento de todos. O recreacionista deverá numerar essas fotos previamente. As pessoas ou personagens das fotos deverão estar em posições ou com caracterizações que tornem difícil seu reconhecimento (fotos antigas etc.).

Esse cartaz será afixado em qualquer ponto disponível, de fácil acesso a todos os participantes, que tentarão reconhecer as pessoas e personagens, anotando seus nomes em uma folha numerada, observando o número correto de cada foto. O recreacionista estabelecerá um prazo de entrega dessas folhas de respostas. Expirado o prazo, procederá a correção. Vencerá quem tiver acertado o maior número de fotos.

Em caso de empate, será considerado vencedor quem escrever o nome mais completo em cada foto. Assim sendo, os participantes deverão saber previamente esse critério, pois deverão ser o mais preciso e completo possível em suas respostas.

14. Jogo do chocolate

O recreacionista preparará previamente alguns tabletes de chocolate embrulhando-os com bastante papel, barbante e fita colante, de forma a ficar difícil de se desembrulhar.

Em cima de uma mesa, se colocará o embrulho, um garfo, uma faca, um blusão e um chapéu ou gorro. Também será utilizado um dado grande, que poderá até mesmo ser feito de espuma.

Os participantes estarão sentados em roda e ao sinal do recreacionista, o primeiro jogará o dado. A intenção será obter o nº 6. Se não sair o nº 6, rapidamente o próximo deverá tentar a sorte e assim sucessivamente, sem parar. Se o dado voltar ao primeiro, continua-se ininterruptamente. Quando um dos participantes tirar o nº 6, rapidamente se aproximará da mesa, vestirá o blusão e o gorro e começará a tentar abrir o embrulho, porém sem poder usar as mãos diretamente. Terá que fazê-lo com garfo e faca. Enquanto isso, o dado continuará rodando. Se outro jogador tirar o nº 6, aquele que estiver à mesa deverá soltar os talheres e tirar as vestimentas imediatamente, entregando-os ao próximo, que os vestirá e começará sua tentativa de chegar ao chocolate. Toda vez que um novo "sortudo" tirar o nº 6, este procedimento se repetirá. Não poderão ser usadas as mãos diretamente, mesmo que se chegue ao chocolate. Deverão continuar utilizando garfo e faca, até mesmo para abrir a embalagem do chocolate e comê-lo.

A atividade prosseguirá até que se encontre e coma todos os tabletes de chocolate do embrulho.

Será interessante, principalmente quando os participantes forem crianças, que o recreacionista tenha outros pequenos chocolates para entregar a todos após o final da atividade, pois aqueles que não comerem ficarão com muita vontade.

15. Loteria cultural

O recreacionista preparará previamente alguns volantes para serem dadas as respostas, semelhantes aos volantes de loteria esportiva. Esses volantes terão "jogos" numerados de 1 a 10, ou de 1 a 13, como preferir. Adiante de cada número de cada jogo, estarão três colunas de respostas, sendo coluna "1", coluna "X" (do meio) e coluna "2".

O recreacionista, também previamente, preparará 10 ou 13 (conforme o caso) perguntas de conhecimentos gerais, com duas alternativas.

Cada participante (ou dupla) receberá um volante de respostas e uma caneta ou lápis. Após as explicações, o recreacionista lerá a primeira pergunta e suas alternativas, repetindo em seguida para melhor assimilação. Ele repetirá apenas uma vez. Os participantes deverão, nesse momento, assinalar as alternativas, segundo o seguinte critério:

>Alternativa "1" se somente a primeira alternativa estiver correta;

>Alternativa "2" se somente a segunda alternativa estiver correta;

>Alternativa "X" (do meio) se ambas as alternativas estiverem erradas;

>Alternativa "1" e "2" (jogo duplo) se ambas as alternativas estiverem corretas.

A seguir, o recreacionista passará para a segunda pergunta, procedendo da mesma forma, e assim sucessivamente, até que chegue à última pergunta. Após todos terem assinalado todas as respostas, colocarão seus nomes nos papéis e entregarão ao recreacionista, que fará a correção e somatória dos pontos. O recreacionista, não deverá repetir as perguntas além daquelas vezes que já citamos.

Vencerá quem acertar o maior número de respostas.

O recreacionista deverá preparar muito bem as perguntas e as respectivas alternativas, pois deverá haver respostas de todos os tipos e alternativas que deixarão dúvidas entre elas, para o jogo se tornar mais interessante.

16. Maestro

Os participantes estarão sentados em roda. Um dos participantes sairá da roda, e sem que este saiba, o recreacionista escolherá um "maestro" que será um outro participante da roda. Esse maestro fará gestos que serão imitados pelos outros participantes. Aquele que sair da roda voltará e ficará no centro dela, tentando descobrir quem é o maestro. Sempre que possível e constantemente, o maestro deverá mudar a movimentação, enquanto todos os participantes o imitarão.

O participante do meio da roda terá três chances de adivinhar quem será o maestro. Acertando, ganhará uma salva de palmas. Não acertando, o recreacionista, após as três tentativas, lhe dirá quem era o maestro. Este maestro é que irá sair da roda na rodada seguinte, enquanto o recreacionista escolherá outro maestro.

A atividade prosseguirá enquanto houver motivação.

7. Mango

O recreacionista preparará previamente uma lista de quesitos e um representante de cada quesito. Por exemplo:

Fruta: Abacate

Cor: Violeta

Flor: Orquídea

E outros tantos, como cantores, marca de cigarro, peça de roupa, marca de carro, profissão etc.

Os participantes estarão divididos em dois grupos. O recreacionista dará o primeiro quesito e um grupo por vez, alternadamente, tentará acertar qual o representante daquele quesito. Por exemplo, o recreacionista dirá *Fruta* e os participantes, sob a sua organização, dirão diversos nomes de frutas, um por vez, alternando as equipes, até que uma delas diga *ABACATE*. A equipe que acertar a fruta fará um ponto. O recreacionista prosseguirá com outro quesito.

A cada quatro quesitos, o quinto será um "*Mango*". O mango será um número de 1 a 5, que os participantes também tentarão acertar. A equipe que acertar o número predeterminado pelo recreacionista terá direito ao *Mango*. O mango valerá em pontos o mesmo número que tinha sido predeterminado. Se o número do mango for 2, ele valerá 2 pontos. Para ganhar os pontos do mango, a equipe que acertar o número deverá cumprir uma tarefa que poderá ser estipulada pelo recreacionista ou idealizada pela equipe adversária. Se a equipe não conseguir cumprir tal tarefa, não ganhará os pontos e a outra equipe terá a chance de tentar cumpri-la. Conseguindo, farão os pontos. Não conseguindo, o recreacionista recomeçará o jogo normalmente. Após mais quatro quesitos, outro Mango.

O jogo poderá terminar por pontos ou por número de quesitos, desde que estipulado previamente. Vencerá a equipe que fizer o maior número de pontos.

Obs.: Se as equipes estiverem com muita dificuldade em acertar algum quesito, o recreacionista pouco a pouco irá dando "dicas" para facilitar.

18. Milho, Pipoca e Panela de Pressão

Os participantes ficarão espalhados pelo espaço, de frente para o recreacionista. Toda vez que este disser "milho", todos deverão abaixar imitando um milho de pipoca. Ao dizer "pipoca", todos se levantam com os membros superiores elevados e afastados, imitando o estouro da pipoca. Ao dizer "panela de pressão", todos deverão girar em torno do próprio corpo e emitir o barulho (chiado) da panela de pressão. Não existe ordem, o recreacionista poderá pronunciar o que ele quiser. A atividade continua enquanto houver motivação.

19. Montar a frase

O recreacionista preparará previamente uma frase versando sobre um assunto relacionado com o momento.

Os participantes estarão divididos em grupos de números iguais de pessoas. Dentro de cada grupo, os participantes estarão numerados de 1 até o último.

O recreacionista dividirá a frase em número de partes igual ao número de participantes de cada equipe. Fora de ordem, distribuirá a cada participante um pedaço da frase, correspondente ao número que aquele participante tem.

Sabendo todas as partes, as equipes não poderão absolutamente mudar nenhum detalhe de nenhuma palavra. Não será permitido escrever. A participação de cada um será oral. As equipes tentarão montar a frase, cada um dizendo sua parte, e intercalando-se, tentando colocar-se na posição correta no grupo.

A equipe deverá montar a frase exatamente como ela for elaborada pelo recreacionista.

Quando a equipe achar que está correto, chama o recreacionista e, com seus componentes em formação correta, cada um falará sua parte para que o recreacionista possa conferir. Se a frase estiver errada, o recreacionista lhes dirá para que a refaçam, porém sem dizer onde está o erro. A equipe terá várias chances de acertar.

Vencerá a equipe que primeiro montar a frase totalmente correta.

20. Olho vivo

Antes do início da atividade, todos os participantes sairão do espaço que será utilizado. Nesse momento, o recreacionista ocultará um objeto qualquer de pequeno porte, como uma caixa de fósforos, um isqueiro, uma pilha ou uma rolha, o qual foi mostrado anteriormente aos participantes. Ocultar não significa esconder, ou seja, o objeto deverá estar visível, porém camuflado entre outras coisas. Por isso, o espaço ideal para esta atividade será um espaço que contenha muitas coisas dentro e não uma sala vazia.

Feito isso, os participantes entrarão novamente no espaço e tentarão visualizar o objeto. É importante que fique bem claro que se a pessoa encontrar o objeto, não deverá tocá-lo nem deixar as outras pessoas perceberem onde o objeto está. Disfarçadamente, o participante irá até o recreacionista e lhe dirá discretamente onde está o objeto, para provar que encontrou. Tendo acertado, esse participante sentará, enquanto os outros continuarão à procura.

É importante também que os participantes não toquem em nada enquanto procuram. Basta olhar. Todos que forem encontrando irão sentar-se, até que todos tenham encontrado. Se alguns participantes estiverem com muita dificuldade, o recreacionista poderá dar algumas "dicas".

Outras rodadas poderão ser feitas, enquanto houver motivação.

21. Painel mágico

O recreacionista fixa em uma parede um painel de papel craft ou cartolina, grande, de acordo com o número de participantes. Esse painel deverá estar marcado no verso, para que seja fácil montá-lo novamente, como veremos a seguir.

Com pincel atômico de cor escura, todos os participantes desenharão o que quiserem nesse painel. Os desenhos deverão ser só de contornos, sem sombreados ou "rabiscos", pois serão pintados depois. Também não deverão ser escritos nem números nem letras, só desenhos. Os desenhos deverão estar bem espalhados por todos os espaços do painel.

Depois de feitos todos os desenhos, o recreacionista retirará o painel da parede e o recortará em partes iguais, distribuindo uma para cada participante. Estes irão pintar todas as parte com as mais variadas cores, sem procurar as partes correspondentes com os colegas. Nenhuma parte poderá ficar sem ser pintada. O papel de fundo deverá ser totalmente coberto. Deverão ser respeitadas as linhas de contorno.

Feito isso, o recreacionista montará novamente o painel, guiando-se pela marcação que tinha feito no verso. Depois de montado, fixará novamente o painel na parede, para que os "artistas" possam contemplá-lo.

22. Pum/desce

Os participantes estarão sentados de frente para o recreacionista. Este deverá contar uma história de que ele é um caçador e os participantes são coelhos. Os participantes (coelhos) deverão estar com as mãos fechadas e o polegar na direção da orelha. O recreacionista (caçador) com as mãos como se fossem armas, apontadas para os participantes, dará o seguinte comando: quando disser "PUM", deverão abrir as mãos imitando as orelhas do coelho, e quando disser "DESCE", deverão voltar à posição inicial. O recreacionista poderá usar o comando de forma aleatória, requisitando a atenção dos participantes".

23. Quem sou eu

Os participantes estarão sentados livremente pelo espaço, porém próximos uns dos outros. Um participante sairá do espaço enquanto os outros escolherão para ele uma personagem ou figura famosa e conhecida por todos, tal qual um cantor, político, esportista etc. O participante voltará e fará perguntas aos colegas, tentando descobrir quem é sua personagem. As perguntas deverão ser objetivas e fechadas, de forma que todo o grupo responda apenas com "sim", "não" ou "indiferente".

Ex.: "Sou homem?"; "Sou cantor?"; "Sou brasileiro?"

Juntando as respostas obtidas, o participante irá tentar descobrir quem é. Conseguindo, terminará a rodada e outro participante sairá do grupo, para que tudo comece novamente.

A atividade prosseguirá enquanto houver motivação.

24. Rua do comércio

O recreacionista preparará previamente diversos pedaços pequenos de papel, nos quais estarão escritos nomes de estabelecimentos comerciais e os respectivos produtos que neles são vendidos. Cada pedaço de papel conterá um estabelecimento ou um produto. Para cada estabelecimento haverá cinco a sete produtos, de acordo com o número de participantes. É importante que hajam vários estabelecimentos.

Os papéis serão embaralhados e distribuídos aleatoriamente entre os participantes. Ao sinal de início, dado pelo recreacionista, os participantes irão procurar produtos e estabelecimentos que estejam relacionados com o seu. Dessa forma, em pouco tempo, estarão formados os grupos da farmácia, da padaria, do açougue etc.

Depois de formados todos os grupos, o recreacionista explicará que cada grupo deverá apresentar, com participação de todos os seus componentes, uma campanha publicitária de divulgação de seu estabelecimento e seus produtos, usando música, "*slogans*", coreografia, vinhetas etc. Não haverá competição, apenas funcionará como atividade de integração e passatempo.

25. Varal de jornal

Entre dois apoios verticais, tais como colunas, postes, etc., serão amarrados fios de *nylon* ou barbante, bem esticados, horizontais, um acima do outro, distantes cerca de 30 centímetros um do outro. O primeiro fio de baixo estará a 30 centímetros do chão e o último de cima a cerca de 2 metros do chão.

Nesses fios, os varais, penduraremos folhas de jornal, de modo que cada folha toque em todas que estão em seu redor, ou seja, tocam na de cima, na de baixo e nas dos lados. Assim, formaremos uma parede de jornal, cobrindo totalmente a visão para o outro lado. As folhas de jornal não deverão estar totalmente fixas, pois poderão ser removidas as partes.

Esse varal de jornal será o palco e as pessoas o utilizarão para atividades de representação, podendo ser individual ou em grupos. Os "artistas" ficarão de um lado do varal e a plateia do outro.

Movendo as folhas de jornal para um lado ou para outro, irão abrir-se espaços para as cenas, que poderão ser representadas com as mais variadas partes do corpo: mãos, pés, barriga, rosto, pernas etc.

26. Zoológico

Os participantes deverão estar em roda, marcando seus lugares com arcos, bambolês, cadeiras etc. Deverá haver um arco a menos que o número de participantes.

Cada participante escolherá para si um nome de bicho, o qual deverá ser dito para os colegas.

Um participante, sem arco, ficará no meio da roda e dirá o nome de dois bichos. Imediata e rapidamente, os bichos chamados deverão trocar de lugar entre si, enquanto o participante que estiver no meio tentará tomar um desses lugares.

O participante que sobrar sem arco ficará no meio e usará o mesmo procedimento que o anterior.

Porém, em vez de chamar apenas dois bichos, o participante que estiver no meio poderá dizer a palavra "zoológico". Nesse caso, todos os participantes deverão trocar de lugar. Ninguém poderá ficar no mesmo arco.

A atividade continuará enquanto houver motivação.

Ao invés de nomes de bichos, poderão ser usados países, frutas etc.

CAPÍTULO 4

ATIVIDADES PARA PISCINAS E ESPAÇOS AQUÁTICOS

1. Alerta
2. Biribol
3. Cata-bolinhas
4. Concurso de mergulhos
5. Corrida das múmias
6. Corrida de boias
7. Fileiras numeradas
8. Homem-aranha
9. Homens ao mar
10. Nó da corrente
11. Os bichos
12. Revezamento de camisetas
13. Salto em altura
14. Túnel

1. Alerta

Os participantes estarão espalhados aleatoriamente dentro da piscina. Um dos participantes terá posse de uma bola. Ao sinal de início, ele lançará a bola verticalmente e chamará qualquer um dos colegas participantes. Este deverá apanhar a bola o mais rápido possível. Ao pegá-la, dirá em voz alta a palavra "alerta". Enquanto isso, os outros participantes tentarão se afastar ao máximo da bola. Ao ouvirem a palavra alerta, deverão parar exatamente onde se encontrarem, ficando imóveis. O participante com a bola deverá escolher um dos adversários, de preferência o que estiver mais próximo, e tentar queimá-lo. Para queimar, bastará fazer a bola tocar em qualquer parte do corpo do outro. O participante que estiver sendo alvo da queima não poderá se mexer nem submergir. Caso consiga queimar, o participante que fez a queima jogará a bola na rodada seguinte. Caso não consiga queimar, o jogador que era alvo da queima é que jogará a bola. Tudo recomeçará novamente. A atividade continuará enquanto houver motivação.

Pode-se estabelecer para cada participante um nome de fruta, de país, de animal, para que sejam chamados por este novo nome.

2. Biribol

Apesar do jogo de Biribol ser um jogo oficial, com medidas, regras e bola específicas, pode ser adaptado para qualquer outra situação.

Estica-se uma rede acima do nível da água da piscina e determina-se os limites de validade do espaço. Coloca-se o mesmo número de jogadores em cada lado. São as equipes adversárias. O jogo prosseguirá como um jogo de vôlei. O recreacionista deverá adaptar as regras de acordo com as circunstâncias.

3. Cata-bolinhas

O recreacionista colocará na água várias bolinhas de isopor de tamanho aproximado de bolas de pingue-pongue, espalhando-as por toda a superfície da água.

Os participantes estarão divididos em equipes e estarão fora da piscina. Ao sinal de início dado pelo recreacionista, os participantes entrarão na piscina e tentarão recolher a maior quantidade possível de bolinhas, colocando-as dentro do maiô, biquíni ou sunga. Haverá fora da piscina um recreacionista para cada equipe, com um saco plástico ou coisa que o valha. Terminadas todas as bolinhas, os participantes sairão da piscina e entregarão ao recreacionista responsável por sua equipe. Não será permitido que se saia da água trazendo bolinhas que não estejam no maiô, biquíni ou sunga.

Os recreacionistas farão a contagem. Será vencedora a equipe que tiver recolhido a maior quantidade de bolinhas.

As bolinhas de isopor poderão ser substituídas por bolinhas de gude, criando uma nova motivação, pois terão que recolhê-las do fundo.

4. Concurso de mergulhos

Trata-se de um concurso onde os quesitos e regras não precisam ser muito exigentes. Apenas para passar o tempo, o recreacionista sugerirá aos participantes, que estarão organizados em determinada ordem, algumas formas de se mergulhar da borda da piscina, escolhendo o mais divertido, o mais bonito, o mais engraçado, o que espirra mais água etc. Não haverá prêmios nem condecorações, tudo acontecerá sem compromisso.

5. Corrida das múmias

Os participantes estarão divididos em equipes. Cada equipe estará encostada numa das bordas da piscina.

Um outro participante, escolhido pelos colegas, será totalmente enrolado em um lençol, a "múmia". Depois de pronta, a múmia será cuidadosamente colocada acima das cabeças dos componentes de sua própria equipe que estarão com os braços elevados para segurá-la fora da água. As equipes não deverão deixar molhar a múmia. Quando todos estiverem a postos, será dado o sinal de início. As equipes deverão atravessar a piscina em direção à borda oposta, carregando a múmia sem deixar que ela se molhe.

Será vencedora a equipe que chegar em primeiro lugar sem ter deixado molhar a sua múmia.

Cuidado: Caso a múmia caia na água, deverá ser levantada imediatamente, pois o participante estará enrolado, com extrema dificuldade de se mexer.

6. Corrida de boias

Cada participante terá uma boia grande, tipo câmara de pneu de caminhão. Todos estarão numa das bordas da piscina. Ao sinal de início, deitados em cima das boias, atravessarão a piscina em direção à borda oposta, remando com as mãos. Vencerá quem chegar primeiro ao outro lado.

Pode-se variar a posição do concorrente sobre a boia, desde que todos os participantes adotem a mesma posição.

A atividade irá tornando-se mais divertida à medida que se aumentar o número de participantes que se encontram ao mesmo tempo em cima da mesma boia (companheiros de equipe).

7. Fileiras numeradas

Os participantes estarão divididos em equipes. Cada equipe sentará em uma das bordas da piscina, uma equipe de frente para a outra. Todos os componentes serão numerados, sendo que haverá correspondente com o mesmo número na equipe adversária.

O recreacionista jogará uma bola em um ponto da água aproximadamente equidistante das duas equipes. A seguir, chamará um número. Os dois concorrentes que corresponderem a esse número deverão entrar na água e se aproximar da bola. O participante que conseguir pegar a bola e levantá-la da água fará um ponto para sua equipe. Ambos voltarão aos seus lugares.

O recreacionista prosseguirá, chamando um outro número (ou o mesmo). A atividade terminará por número de pontos a ser atingido, desde que combinado previamente. Será vencedora a equipe que somar o maior número de pontos.

O recreacionista poderá chamar mais que um número por vez. Poderá também sugerir uma operação matemática e quem deverá ir buscar a bola será o número correspondente ao resultado da conta.

Os participantes, ao invés de sentados na borda, poderão estar dispostos livremente, de acordo com sua própria vontade, dentro ou fora da água, sempre com seu respectivo número.

A bola poderá ser substituída por qualquer outro objeto, ou mesmo por objetos que afundem, exigindo que os participantes mergulhem para apanhá-lo.

8. *Homem-aranha*

Será estendida uma rede de vôlei ou semelhante na tona da água e todos os participantes a segurarão pelas laterais, mantendo-a bem esticada. Um outro participante passará por cima dessa rede, em pé ou ajoelhado ou de qualquer outra forma que ache interessante. Poderá ser organizado um desfile, ou qualquer outra motivação. Não se costuma fazer competição. A atividade seguirá enquanto houver motivação. Todos os participantes que quiserem poderão passar, sempre um de cada vez.

9. *Homens ao mar*

Os participantes estarão em uma das bordas da piscina. Um outro participante será o pegador e estará dentro da água, no meio da piscina.

Ao comando do pegador com a frase "Homens ao Mar", todos os participantes deverão atravessar a piscina em direção à borda oposta. É obrigatório atravessar. O pegador tentará pegar qualquer um dos participantes, bastando para isso tocá-lo. O pegador não poderá pegar o participante que já tenha passado por ele. O participante que passar pelo pegador estará salvo e aguardará na outra borda da piscina. O participante que for pego passará a ajudar o primeiro pegador. Será dado novo comando "Homens ao Mar" e o processo se repetirá, agora com dois pegadores. Todos que forem pegos passarão a ser pegadores, tornando-se cada vez mais difícil atravessar a piscina. Seguirá a atividade até que todos tenham sido pegos, terminando assim uma rodada.

Começa-se uma nova rodada, e o novo pegador inicial será aquele que tenha sido o primeiro a ser pego na rodada anterior. A atividade prosseguirá enquanto houver motivação.

10. Nó da corrente

Os participantes formarão uma roda dentro da água. Ao sinal dado pelo recreacionista, todos se aproximarão e darão as mãos. Não deverão dar as duas mãos para a mesma pessoa, nem dar as mãos para quem está logo ao seu lado. Assim, irá formar-se um nó entre as pessoas. Pronta essa primeira parte, todos deverão, num trabalho conjunto, tentar soltar o nó sem soltarem as mãos. Para isso, deverão passar por cima e por baixo dos braços dos colegas, até que tenham conseguido.

Nem sempre será possível soltar o nó. Se isso acontecer, o recreacionista poderá interferir para dar alguma ajuda e não desistir de vez.

Se houver motivação, pode-se iniciar tudo novamente.

11. Os bichos

Os participantes estarão divididos em quatro grupos, cada um ocupando um canto da piscina. Cada grupo terá o nome de um bicho.

O recreacionista estará dentro da água, no meio da piscina. Após todos terem se organizado, o recreacionista chamará o nome de dois bichos. Os grupos correspondentes aos bichos chamados deverão rapidamente trocar de lugar um com o outro, enquanto o recreacionista tentará pegar quantos participantes puder. Os participantes que forem pegos permanecerão fora da água, torcendo para sua equipe e esperando a próxima rodada. Os participantes que conseguirem passar ocuparão o novo espaço. O recreacionista prosseguirá, chamando novamente os nomes de dois bichos, e procedendo como anteriormente, até que somente um grupo sobre com componentes sem terem sido pegos. Esse grupo será o vencedor dessa rodada. Se houver motivação, começará uma nova rodada.

12. Revezamento de camisetas

Os participantes serão divididos em grupos, permanecendo em uma das extremidades da piscina, fora da água. O primeiro de cada grupo receberá uma camiseta, que deverá segurar em suas mãos.

Dado o sinal de início pelo recreacionista, o participante de posse da camiseta deverá vesti-la, entrar na água, atravessar a piscina até tocar na borda oposta e voltar ao seu grupo. Lá chegando, sairá da água, tirará a camiseta e a entregará ao próximo companheiro, que deverá vesti-la e repetir o processo, e assim sucessivamente, até que todos tenham ido. Vencerá a equipe que terminar primeiro.

A grande ênfase desta atividade é o fato de que tirar e vestir a camiseta molhada é muito mais estranho do que parece, tornando o fato hilariante.

Poderá ainda aumentar o número de peças, ou seja, ao invés de apenas as camisetas, poderão ser colocados meiões, calças, pijamas ou qualquer outra vestimenta.

13. Salto em altura

O recreacionista deverá providenciar previamente uma forma de manter uma barra leve (tipo tubo de PVC) elevada horizontalmente, a certa distância do solo. Poderá até colocar dois voluntários segurando essa barra, porém a precisão será menor. A barra será colocada na borda da piscina. Os participantes, numa ordem preestabelecida, tentarão saltar por cima da barra, caindo dentro da água. Depois de todos terem tido sua tentativa, aumenta-se a altura da barra. Os participantes que conseguirem superar aquela marca irão permanecendo, enquanto os que derrubarem a barra serão desclassificados. Vencerá aquele que superar a maior marca.

Podem-se estabelecer recordes, os quais deverão ser batidos em tentativas posteriores.

Pode-se dar um número maior de tentativas, desde que preestabelecidas, para cada participante.

14. Túnel

Os participantes formarão uma coluna dentro da água, permanecendo com as pernas afastadas. Um participante por vez tentará passar por baixo do "túnel", formado por todas as pernas dos colegas. A atividade poderá se realizar em forma de competição, dividindo-se os participantes em equipes que disputarão velocidade.